Maîtrisez l'éducation du Border Collie

D1728639

Table des matières

CHAPITRE 1 CE QUE TU DOIS SAVOIR SUR TON BORDER COLLIE

13

1.1 ORIGINES ET HISTOIRE DU BORDER COLLIE **13**
1.2 LES CARACTERISTIQUES PHYSIQUES DU BORDER COLLIE **15**
1.3 LE TEMPERAMENT ET LE COMPORTEMENT TYPIQUES DU BORDER
COLLIE **19**
1.4 LES BESOINS SPECIFIQUES DU BORDER COLLIE EN MATIERE D'EXERCICE
ET DE STIMULATION MENTALE **23**
1.5 LES PROBLEMES DE SANTE COURANTS CHEZ LES BORDER COLLIES **26**
1.6 CHOISIR LE BON BORDER COLLIE POUR TOI : MALE OU FEMELLE, CHIOT
OU ADULTE **29**

CHAPITRE 2 L'EDUCATION ET LES SOINS DU BORDER COLLIE 32

2.1 L'IMPORTANCE DE LA SOCIALISATION PRECOCE **32**
2.2 L'APPRENTISSAGE DE LA PROPRETE : ASTUCES ET CONSEILS PRATIQUES
36
2.3 GERER LES MORSURES ET LES ABOIEMENTS EXCESSIFS CHEZ LE CHIOT **40**
2.4 LA MISE EN PLACE D'UNE ROUTINE QUOTIDIENNE POUR TON CHIOT **43**
2.5 LA GESTION DE L'ANXIETE DE SEPARATION CHEZ LES CHIOTS BORDER
COLLIE **46**

**CHAPITRE 3 PREPARER TON DOMICILE POUR ACCUEILLIR TON
CHIOT** **50**

3.2 LES FOURNITURES ESSENTIELLES POUR TON CHIOT BORDER COLLIE **53**
3.3 CREER UN ESPACE SUR ET CONFORTABLE POUR TON CHIOT **56**
3.4 PLANIFIER LES PREMIERES VISITES CHEZ LE VETERINAIRE **60**

3.5 Choisir une alimentation adaptee aux besoins specifiques du Border Collie   63

CHAPITRE 4 LES SOINS DE BASE POUR UN CHIOT BORDER COLLIE   67

4.1 Les soins de base pour un chiot border collie   67
4.2 Les premieres nuits: gerer le sommeil du chiot   69
4.3 L'etablissement d'une routine d'alimentation pour ton chiot   72
4.4 Les jeux et les exercices appropries pour un chiot Border Collie   76
4.5 Les soins de sante preventifs et les vaccinations necessaires 79

CHAPITRE 5 L'ENTRAINEMENT DE BASE   83

5.1 Les principes de base de l'entrainement positif   83
5.2 Apprendre les commandes de base : assis, couche, viens, pas bouger   86
5.3 L'utilisation des recompenses pour renforcer les comportements souhaites   90
5.4 La gestion des comportements indesirables et l'evitement des punitions   93
5.5 L'education a la laisse et au rappel pour un chiot Border Collie   97

CHAPITRE 6 COMPRENDRE L'INSTINCT DE CHASSE DU BORDER COLLIE   101

6.1 L'instinct de chasse chez le Border Collie   101
6.2 Les activites de stimulation mentale pour canaliser l'instinct de chasse   104
6.3 Les jeux interactifs pour satisfaire l'instinct de chasse du Border Collie   107

6.4 La prevention des comportements de predation indesirables
111

6.5 L'entrainement specifique pour les activites de troupeau (si applicable) **115**

CHAPITRE 7 PREPARER TON DOMICILE POUR ACCUEILLIR TON CHIOT **119**

7.1 Check-liste des fournitures essentielles pour ton chiot Border Collie **119**

7.2 Check-liste des vaccinations et des soins veterinaires recommandes **122**

7.3 Check-liste des etapes d'entrainement **124**

Préface

Bienvenue dans les pages de "Maîtrisez l'éducation du Border Collie : Guide complet pour élever un chiot Border Collie heureux et obéissant". Je suis ravi de te compter parmi les lecteurs de ce livre dédié à l'éducation de cette race extraordinaire.

En tant qu'amoureux des chiens et propriétaire passionné de Border Collies depuis de nombreuses années, j'ai ressenti le besoin de partager mes connaissances et mon expérience avec d'autres personnes qui partagent la même fascination pour cette race. Les Border Collies sont des chiens incroyables, dotés d'une intelligence hors du commun et d'une aptitude innée pour le travail avec les troupeaux.

Mon voyage avec les Border Collies a débuté il y a plusieurs années lorsque j'ai accueilli mon premier chiot, un magnifique Border Collie nommé Max. Dès les premiers instants, j'ai été fasciné par son intelligence vive, sa curiosité sans limites et sa volonté inébranlable d'apprendre. Mais en même temps, j'ai rapidement réalisé que l'éducation d'un Border Collie n'était pas une tâche facile.

Au fil des années, j'ai appris de nombreuses leçons précieuses, parfois à travers des erreurs et des défis. J'ai expérimenté différentes méthodes d'éducation, j'ai consulté des experts, et j'ai observé attentivement le comportement de mes chiens. J'ai compris que l'éducation des Border Collies nécessite une approche spécifique, adaptée à leur intelligence, leur sensibilité et leur instinct de travail.

C'est précisément cette expérience et ce savoir accumulés au fil du temps que je souhaite partager avec toi à travers ce livre. Mon objectif est de t'aider à comprendre ton chiot Border Collie, à établir une relation solide et harmonieuse avec lui, et à l'éduquer avec succès pour qu'il devienne un compagnon fidèle et obéissant.

Dans les pages qui suivent, tu découvriras des informations essentielles sur l'origine et l'histoire du Border Collie, ainsi que sur ses caractéristiques physiques et comportementales. Comprendre la nature profonde de cette race t'aidera à mieux appréhender son éducation et à répondre à ses besoins spécifiques.

Nous aborderons ensuite les fondamentaux de l'éducation d'un chiot Border Collie, en mettant l'accent sur des aspects clés tels que la socialisation précoce, l'apprentissage de la propreté et la gestion des comportements indésirables. Tu apprendras comment établir une routine quotidienne qui favorisera le développement équilibré de ton chiot et comment utiliser des méthodes d'entraînement positives pour renforcer les comportements souhaités.

Ensuite, nous plongerons dans les détails de la préparation avant l'arrivée de ton chiot, en te fournissant des conseils pratiques pour créer un environnement sécurisé et accueillant pour lui. Nous discuterons également de l'alimentation adaptée aux besoins du Border Collie et de l'importance des visites chez le vétérinaire pour assurer sa santé et son bien-être.

Les premières semaines avec ton chiot seront déterminantes pour son développement. C'est pourquoi nous consacrerons un chapitre entier à cette période cruciale. Tu découvriras comment établir une routine de sommeil, de repas et d'exercice pour ton chiot, ainsi que des conseils pour favoriser sa socialisation avec les humains et les autres animaux. Les soins de santé de base et les vaccinations nécessaires seront également abordés pour assurer un bon départ à ton chiot Border Collie.

L'entraînement de base est un aspect essentiel de l'éducation d'un Border Collie, et nous lui consacrerons un chapitre dédié. Tu apprendras les principes de l'entraînement positif et comment enseigner à ton chiot les commandes de base telles que "assis", "couché", "viens" et "pas bouger". Nous discuterons également de la gestion des comportements indésirables et de la construction d'une relation de confiance et de respect mutuel avec ton chiot.

Un aspect unique de l'éducation du Border Collie est son instinct de chasse développé en raison de ses origines de chien de berger. Dans un chapitre spécial, nous explorerons cet aspect et te donnerons des conseils pour gérer cet instinct naturel de manière appropriée. Tu découvriras des jeux et des exercices qui permettront à ton chiot de s'épanouir tout en canalisant son énergie instinctive.

Enfin, nous terminerons ce livre avec des check-listes pratiques pour t'aider dans les premières étapes de l'éducation de ton chiot Border Collie. Que ce soit pour les fournitures essentielles, les visites vétérinaires recommandées ou les étapes d'entraînement, ces listes te guideront et t'organiseront pour que tu ne manques rien.

Mon objectif en écrivant ce livre n'est pas seulement de te fournir des connaissances et des conseils, mais aussi de t'inspirer à établir une relation profonde et significative avec ton chiot Border Collie. J'espère que tu ressentiras ma passion pour ces chiens et mon engagement à te guider tout au long du processus d'éducation.

L'éducation d'un Border Collie est un voyage gratifiant, mais il peut également présenter des défis. Cependant, avec les bonnes informations, les bonnes techniques et une approche patiente et positive, tu seras en mesure de former un chien bien équilibré, heureux et obéissant.

Prépare-toi à t'immerger dans le monde merveilleux de l'éducation du Border Collie. Que ce livre soit ton guide fidèle dans cette aventure passionnante. Profite de chaque moment avec ton chiot et sache que tu es sur le chemin de construire une relation inestimable avec ton compagnon à quatre pattes.

Au plaisir de te voir progresser et de voir ton chiot Border Collie grandir pour devenir un chien exceptionnel.

Benjamin White

Introduction

Cher lecteur, je tiens tout d'abord à te remercier d'avoir choisi "Maîtrisez l'éducation du Border Collie : Guide complet pour élever un chiot Border Collie heureux et obéissant". Ce livre a été créé dans le but de t'accompagner dans le parcours unique de l'éducation d'un chiot Border Collie et de te fournir les connaissances et les outils nécessaires pour créer une relation solide et épanouissante avec ton compagnon à quatre pattes.

Élever un chiot Border Collie est une expérience passionnante et enrichissante, mais cela nécessite également une compréhension approfondie de la race, de ses besoins spécifiques et des meilleures pratiques d'éducation. Les Border Collies sont des chiens exceptionnels, connus pour leur intelligence remarquable, leur énergie débordante et leur instinct de travail développé. Leur héritage en tant que chiens de berger talentueux en fait des partenaires incroyables pour ceux qui sont prêts à consacrer du temps et de l'engagement à leur éducation.

Dans les pages qui suivent, nous explorerons ensemble les différents aspects de l'éducation d'un chiot Border Collie, en nous concentrant sur les méthodes positives et efficaces qui favorisent l'apprentissage, le développement équilibré et le bien-être de ton chiot. Je partagerai avec toi mes connaissances et mon expérience acquises au fil des années en tant que propriétaire de Border Collies, ainsi que les enseignements tirés de professionnels de l'éducation canine et d'éleveurs spécialisés.

Notre voyage commencera par une plongée dans l'histoire et les origines du Border Collie. Comprendre l'héritage de cette race fascinante nous aidera à mieux saisir sa nature profonde et à adapter notre approche éducative en conséquence. Nous découvrirons également les traits physiques distinctifs qui font du Border Collie un chien à la fois élégant et athlétique.

Ensuite, nous nous concentrerons sur les fondamentaux de l'éducation d'un chiot Border Collie. La socialisation précoce, l'apprentissage de la propreté, la gestion des comportements indésirables et l'établissement d'une routine équilibrée seront au cœur de notre discussion. Tu apprendras comment fournir à ton chiot les bases solides nécessaires à son développement harmonieux et comment instaurer des liens de confiance et de respect mutuel.

Avant l'arrivée de ton chiot, il est essentiel de bien te préparer pour lui offrir un environnement accueillant et sûr. Nous aborderons les aspects pratiques tels que l'aménagement de ton domicile, l'acquisition des fournitures essentielles, la planification des premières visites chez le vétérinaire et l'élaboration d'une alimentation équilibrée.

Les premières semaines avec ton chiot seront une période cruciale pour son développement. Nous examinerons les conseils et les stratégies pour établir une routine de sommeil, de repas et d'exercice, ainsi que pour favoriser sa socialisation avec les humains et les autres animaux. Tu comprendras l'importance de fournir un environnement stimulant et sécurisé pour que ton chiot puisse explorer le monde en toute confiance et développer ses compétences sociales.

L'entraînement de base occupera également une place centrale dans notre guide. Tu apprendras les principes de l'entraînement positif et comment enseigner à ton chiot les commandes essentielles telles que "assis", "couché", "viens" et "pas bouger". Nous aborderons des techniques efficaces pour renforcer les comportements souhaités et pour gérer les comportements indésirables de manière respectueuse et constructive.

Un aspect unique de l'éducation du Border Collie est son instinct de chasse développé en raison de son héritage en tant que chien de berger. Nous consacrerons donc un chapitre spécial à ce sujet. Tu découvriras comment canaliser cet instinct naturel de manière appropriée et comment fournir à ton chiot des activités stimulantes qui répondent à son besoin inné de travailler avec un troupeau.

Enfin, nous conclurons notre guide par des check-listes pratiques qui te serviront de référence tout au long de ton parcours d'éducation. Que ce soit pour les fournitures essentielles, les visites vétérinaires recommandées, les étapes d'entraînement ou les points clés à garder à l'esprit, ces listes te permettront de rester organisé et de ne rien oublier.

Je tiens à souligner que l'éducation d'un Border Collie est un processus continu qui demande de la patience, de la cohérence et de l'amour. Chaque chien est unique, et il est important d'adapter les techniques et les méthodes à sa personnalité et à ses besoins spécifiques. Ce guide te donnera les bases nécessaires pour commencer cette aventure, mais il est également crucial de poursuivre ta propre recherche et de rechercher des conseils professionnels lorsque nécessaire.

Mon objectif ultime avec ce livre est de t'aider à établir une relation profonde et épanouissante avec ton chiot Border Collie, basée sur la confiance, la communication et le respect mutuel. Je suis convaincu que, grâce à une approche pédagogique et captivante, tu seras en mesure de relever les défis de l'éducation et de profiter pleinement de la compagnie de ton fidèle compagnon.

Je te souhaite un merveilleux voyage dans l'éducation de ton chiot Border Collie et je suis honoré de pouvoir t'accompagner dans cette aventure. Que ce livre te guide vers le succès et t'aide à bâtir une relation solide et harmonieuse avec ton compagnon à quatre pattes.

Bien amicalement,

Benjamin White

Chapitre 1 Ce que tu dois savoir sur ton border collie

1.1 Origines et histoire du border collie

Le border collie est une race de chien originaire de la région frontalière entre l'Angleterre et l'Écosse, d'où il tire son nom. Cette race est étroitement liée aux chiens de berger qui ont été élevés pour leurs compétences exceptionnelles dans la conduite du bétail. Le border collie est considéré comme l'un des chiens de berger les plus intelligents et les plus performants au monde.

<u>Les débuts du border collie</u>

Les origines précises du border collie remontent à des centaines d'années, et ses ancêtres peuvent être retracés jusqu'aux chiens de berger des bergers vikings qui ont conquis les îles britanniques au IXe siècle. Cependant, la race telle que nous la connaissons aujourd'hui a été principalement développée au XIXe siècle.

À cette époque, les fermiers des régions frontalières avaient besoin de chiens de berger agiles et travailleurs pour les aider à conduire les troupeaux de moutons sur les vastes pâturages accidentés. Les bergers étaient à la recherche de chiens capables de rassembler et de contrôler les moutons de manière efficace et précise.

<u>L'influence de l'éleveur Adam Telfer</u>

Un nom qui est étroitement associé à l'origine du border collie est celui d'Adam Telfer, un éleveur de brebis écossais. Au milieu du XIXe siècle, Adam Telfer possédait un chien de berger du nom de Old Hemp, connu pour ses compétences exceptionnelles. Old Hemp était un chien au pelage noir et blanc, avec un talent naturel pour la conduite du bétail.

Adam Telfer a réalisé l'importance de préserver les traits de travail et les qualités naturelles des chiens de berger. Il a utilisé Old Hemp comme reproducteur et a soigneusement sélectionné les chiots les plus prometteurs pour continuer sa lignée de chiens de berger. C'est ainsi qu'est née la lignée de chiens qui allait devenir le noyau de la race border collie.

Reconnaissance officielle et popularité

La reconnaissance officielle de la race border collie est intervenue relativement récemment. En 1976, le Kennel Club britannique a établi un standard de race pour le border collie, reconnaissant son statut distinct en tant que race à part entière. Depuis lors, le border collie a gagné en popularité dans le monde entier, tant comme chien de travail que comme compagnon.

Les compétences du border collie

Ce qui distingue vraiment le border collie des autres races de chiens de berger, c'est sa capacité à travailler avec une incroyable intelligence et une grande agilité. Son instinct inné pour rassembler, contrôler et diriger les troupeaux de moutons en fait un partenaire précieux pour les bergers et les éleveurs de bétail.

Les border collies sont réputés pour leur intelligence exceptionnelle, leur sens aigu de l'observation et leur aptitude à comprendre les command

1.2 Les caractéristiques physiques du Border Collie

Le Border Collie est une race de chien connue pour sa beauté, sa grâce et son apparence distinctive. Dans ce chapitre, nous explorerons en détail les caractéristiques physiques qui font du Border Collie un chien unique et reconnaissable.

Taille et poids

Le Border Collie est considéré comme un chien de taille moyenne. Les mâles mesurent généralement entre 48 et 56 centimètres au garrot, tandis que les femelles mesurent entre 46 et 53 centimètres. En ce qui concerne le poids, les mâles pèsent en moyenne entre 14 et 20 kilogrammes, tandis que les femelles pèsent entre 12 et 19 kilogrammes.

Structure corporelle

Le Border Collie a une structure corporelle bien équilibrée et musclée. Son corps est légèrement plus long que haut, ce qui lui confère une allure élégante et athlétique. Son dos est droit et fort, et sa poitrine est profonde, permettant une bonne capacité pulmonaire.

La tête

La tête du Border Collie est l'une de ses caractéristiques les plus reconnaissables. Elle est de taille moyenne par rapport au corps, avec un museau bien développé et une truffe noire ou marron, en harmonie avec la couleur de la robe. Les yeux du Border Collie sont en forme d'amande et peuvent être de différentes couleurs, allant du brun foncé au bleu en passant par le marron clair. Certains individus peuvent même avoir des yeux vairons, c'est-à-dire un œil de chaque couleur. Les oreilles du Border Collie sont de taille moyenne, dressées et légèrement inclinées vers l'avant, montrant son attention et sa vivacité.

La robe et la couleur

Le pelage du Border Collie est double, avec une couche extérieure dense et une sous-couche épaisse pour le protéger des intempéries. Leur pelage peut être soit lisse, soit légèrement ondulé, mais jamais bouclé. En ce qui concerne les couleurs de robe, il existe une grande variété de combinaisons. Le noir et blanc est la couleur classique et la plus courante, mais on trouve également des Border Collies avec des robes rouges et blanches, bleu merle et blanches, ainsi que tricolores.

Queue

La queue du Border Collie est de longueur moyenne et est portée bas lorsque le chien est au repos. Lorsqu'il est en mouvement, la queue peut être légèrement relevée, mais elle ne doit jamais être portée au-dessus du dos.

Démarche

Le Border Collie a une démarche légère, énergique et fluide. Il se déplace avec une grande agilité et une coordination remarquable. Sa démarche est équilibrée et harmonieuse, ce qui lui permet de travailler efficacement et de réagir rapidement aux commandes de son berger.

Conclusion

En conclusion, le Border Collie est un chien d'une beauté remarquable, avec des caractéristiques physiques qui le distinguent des autres races. Sa taille moyenne, sa structure musclée, sa tête distinctive, ses yeux expressifs et son pelage varié en font un chien à la fois élégant et athlétique.

Cependant, il est important de noter que les caractéristiques physiques ne sont qu'une partie de ce qui rend le Border Collie spécial. Ce sont ses qualités intérieures, telles que son intelligence, sa vivacité d'esprit et sa volonté de travailler, qui en font un chien exceptionnel. Leur apparence physique est le reflet de leurs aptitudes naturelles en tant que chien de berger talentueux.

En tant que propriétaire d'un Border Collie, il est essentiel de comprendre les caractéristiques physiques de cette race afin de mieux apprécier et répondre à ses besoins spécifiques. Leur structure corporelle et leur démarche fluide nécessitent un exercice adéquat pour maintenir leur condition physique et leur bien-être. Leur pelage double nécessite un entretien régulier pour éviter les nœuds et les problèmes de peau.

De plus, la reconnaissance des caractéristiques physiques distinctives du Border Collie peut également t'aider à identifier les signes de problèmes de santé potentiels. Par exemple, une démarche anormale ou des problèmes oculaires peuvent être des indicateurs de conditions médicales qui nécessitent une attention vétérinaire.

En tant que compagnon fidèle et travailleur, le Border Collie mérite une appréciation complète de ses caractéristiques physiques et de ses capacités uniques. En comprenant et en respectant ces traits, tu pourras offrir à ton chien une vie épanouissante et en harmonie avec sa nature profonde.

Dans les chapitres suivants, nous plongerons plus profondément dans l'éducation et les soins du Border Collie, en abordant des sujets tels que la socialisation, l'apprentissage de la propreté, l'entraînement de base et la gestion des comportements indésirables. Tu apprendras comment utiliser les caractéristiques physiques de ton chien à ton avantage pour établir une communication claire et établir une relation solide.

Prépare-toi à explorer les profondeurs de l'éducation du Border Collie et à découvrir les joies et les défis qui accompagnent cette expérience. Avec une compréhension approfondie de la race et un engagement à offrir un environnement stimulant et aimant, tu seras en mesure de vivre une relation incroyablement spéciale avec ton chien Border Collie.

Accroche-toi et laisse-nous plonger dans les aspects pratiques de l'éducation de ton chiot Border Collie. Le voyage promet d'être rempli de découvertes, d'apprentissage et d'amour inconditionnel.

À toi et à ton merveilleux compagnon à quatre pattes !

1.3 Le tempérament et le comportement typiques du Border Collie

Le Border Collie est bien plus qu'un chien au physique élégant. Sa personnalité unique et son comportement distinctif en font une race à part. Dans ce chapitre, nous explorerons en profondeur le tempérament et le comportement typiques du Border Collie, afin que tu puisses mieux comprendre ton chien et t'épanouir dans votre relation.

Intelligence remarquable

Le Border Collie est souvent considéré comme l'une des races de chiens les plus intelligentes au monde. Leur capacité d'apprentissage rapide et leur aptitude à résoudre les problèmes en font des compagnons incroyablement astucieux. Ils ont une grande capacité d'observation et sont capables de comprendre les commandes verbales et non verbales avec une précision étonnante.

Besoin de stimulation mentale et physique

En raison de leur intelligence exceptionnelle, les Border Collies ont un besoin important de stimulation mentale et physique. Ils sont dotés d'un fort instinct de travail, hérité de leur passé de chien de berger, et ils ont besoin d'un emploi du temps chargé pour canaliser leur énergie. Les jeux d'énigmes, les jouets interactifs et les activités qui les mettent au défi mentalement sont essentiels pour leur épanouissement.

Énergie débordante

Les Border Collies sont connus pour leur énergie débordante. Ils sont naturellement actifs et ont une grande capacité à travailler pendant de longues périodes sans montrer de signes de fatigue. Cela signifie qu'ils ont besoin d'exercice régulier et soutenu pour se sentir équilibrés et satisfaits. Les promenades, les séances de jeu et les activités physiques intensives sont essentielles pour répondre à leurs besoins énergétiques.

Sensibilité et réactivité

Les Border Collies sont également des chiens sensibles et réactifs. Ils ont une grande capacité à détecter les changements d'humeur et d'émotion chez leurs propriétaires, et ils sont souvent très réceptifs aux signaux subtils. Ils peuvent être très attentifs et réagir rapidement aux commandes, mais ils peuvent aussi être sensibles aux bruits forts, aux environnements stressants et aux situations nouvelles.

Instinct de rassemblement

En raison de leur héritage de chien de berger, les Border Collies ont un fort instinct de rassemblement. Ils ont un désir inné de rassembler et de contrôler les troupeaux, ce qui se manifeste souvent par des comportements de poussée, de courroux et de fixation. Ce comportement instinctif peut nécessiter une gestion appropriée et une redirection vers des activités plus adaptées.

Besoin d'une tâche à accomplir

Les Border Collies sont des chiens qui s'épanouissent lorsqu'ils ont un travail à accomplir. Ils ont besoin d'avoir un objectif et une tâche à remplir pour se sentir épanouis. Cela peut prendre différentes formes, que ce soit l'obéissance avancée, l'agilité, le troupeau ou d'autres activités qui font appel à leur intelligence et à leur instinct de travail.

Forte volonté et détermination

Les Border Collies sont connus pour leur forte volonté et leur détermination. Ils ont un esprit indépendant et peuvent parfois faire preuve de ténacité dans la poursuite de leurs objectifs.

Cela signifie qu'ils peuvent nécessiter une éducation ferme et cohérente, tout en tenant compte de leur sensibilité et de leur besoin de compréhension.

Sens de l'observation

Les Border Collies sont d'excellents observateurs. Ils sont attentifs aux détails et peuvent rapidement percevoir les changements dans leur environnement. Leurs compétences d'observation aiguisées leur permettent d'apprendre rapidement et de s'adapter aux différentes situations.

Relation étroite avec leur propriétaire

Les Border Collies ont tendance à développer des liens étroits avec leur propriétaire. Ils sont très loyaux et attachés à leur famille, et ils apprécient la proximité et l'interaction avec leurs proches. Cette relation étroite favorise une communication claire et une collaboration harmonieuse.

Réactivité aux signaux corporels

En plus des commandes verbales, les Border Collies sont également très réceptifs aux signaux corporels de leur propriétaire. Ils peuvent capter les mouvements subtils, les postures et les expressions faciales, ce qui leur permet de comprendre les attentes et les intentions de leur humain.

Besoin de structure et de cohérence

En raison de leur nature sensible et de leur intelligence élevée, les Border Collies bénéficient d'une structure et d'une cohérence dans leur éducation. Des règles claires, des limites bien définies et une routine quotidienne stable les aident à se sentir sécurisés et à se comporter de manière appropriée.

Conclusion

Le tempérament et le comportement typiques du Border Collie en font une race extraordinaire et unique. Leur intelligence, leur énergie, leur sensibilité et leur instinct de travail en font des compagnons exceptionnels pour ceux qui sont prêts à répondre à leurs besoins spécifiques.

En tant que propriétaire d'un Border Collie, il est essentiel de comprendre ces caractéristiques afin de fournir un environnement adapté à leur épanouissement. L'appréciation de leur intelligence et de leur désir de travailler, combinée à une approche d'éducation positive et stimulante, permettra de développer une relation harmonieuse et épanouissante avec ton chien.

1.4 Les besoins spécifiques du Border Collie en matière d'exercice et de stimulation mentale

Le Border Collie est un chien extrêmement actif et intelligent, et il a des besoins spécifiques en matière d'exercice et de stimulation mentale. Dans ce chapitre, nous explorerons en détail ces besoins afin que tu puisses offrir à ton Border Collie une vie équilibrée et épanouissante.

Exercice physique régulier

Le Border Collie a un niveau d'énergie élevé et il a besoin d'exercice physique régulier pour se dépenser. Les simples promenades quotidiennes ne suffisent souvent pas à répondre à leurs besoins. Il est recommandé d'offrir à ton Border Collie des opportunités d'exercices intenses et stimulants, tels que des jeux de lancer de balles, des sessions d'agilité ou des courses dans des espaces ouverts.

Activités de travail

En raison de leur héritage de chien de berger, les Border Collies ont un fort instinct de travail et apprécient d'avoir une tâche à accomplir. Les activités de travail telles que l'obéissance avancée, le troupeau, l'agilité ou les sports canins sont excellents pour stimuler leur esprit et les maintenir mentalement engagés.

Jeux d'énigmes et de stimulation mentale

La stimulation mentale est tout aussi importante pour le bien-être du Border Collie que l'exercice physique. Ils aiment résoudre des problèmes et relever des défis. Les jeux d'énigmes et les jouets interactifs, tels que les puzzles alimentaires, sont des moyens fantastiques de les divertir et de les stimuler mentalement.

Entraînement et apprentissage continus

Le Border Collie est un chien qui aime apprendre et relever de nouveaux défis. L'entraînement et l'apprentissage continus sont essentiels pour les maintenir mentalement engagés. Ils sont capables d'apprendre une grande variété de commandes et de tricks, et ils aiment être mis au défi avec de nouvelles tâches.

Interaction sociale et jeux avec d'autres chiens

Les Border Collies sont généralement sociables avec d'autres chiens et apprécient les interactions sociales. Les séances de jeux avec d'autres chiens bien équilibrés sont un excellent moyen pour eux de se dépenser et de s'amuser. Cependant, assure-toi de superviser les rencontres et de choisir des compagnons de jeu adaptés à la personnalité de ton chien.

Variation des activités

Il est important de diversifier les activités proposées à ton Border Collie pour éviter l'ennui et la frustration. Alterne entre les exercices physiques, les jeux d'énigmes, les séances d'entraînement et les moments de jeu avec d'autres chiens. Cela permettra de stimuler tous les aspects de sa personnalité et de répondre à ses besoins variés.

Conclusion

La clé pour répondre aux besoins spécifiques du Border Collie en matière d'exercice et de stimulation mentale réside dans la création d'une routine équilibrée qui combine exercice physique, stimulation mentale et interaction sociale. En offrant à ton Border Collie suffisamment d'exercice physique, d'activités de travail, de jeux d'énigmes et d'entraînement, tu lui fourniras les stimulations dont il a besoin pour être heureux et épanoui.

Il est également important de souligner que la quantité d'exercice et de stimulation mentale nécessaire peut varier d'un individu à l'autre. Certains Border Collies peuvent avoir des besoins plus élevés en raison de leur niveau d'énergie ou de leur tempérament spécifique. Il est essentiel d'observer attentivement ton chien et d'ajuster ses activités en conséquence.

En plus des besoins physiques et mentaux, le Border Collie a également besoin d'une interaction sociale appropriée. Assure-toi de lui offrir des opportunités de rencontrer d'autres chiens bien équilibrés et de socialiser dans des environnements contrôlés. Cela l'aidera à développer de bonnes compétences sociales et à maintenir une attitude positive envers ses congénères.

Enfin, n'oublie pas que l'exercice et la stimulation mentale ne sont pas seulement importants pour le bien-être physique et mental de ton chien, mais aussi pour la relation que tu partages avec lui. Ces moments d'activité et de jeu renforcent les liens entre vous et favorisent une communication claire et harmonieuse.

1.5 Les problèmes de santé courants chez les Border Collies

Comme toutes les races de chiens, les Border Collies peuvent être prédisposés à certains problèmes de santé spécifiques. Dans ce chapitre, nous aborderons les problèmes de santé courants auxquels les Border Collies peuvent être confrontés, afin que tu puisses prendre les mesures appropriées pour assurer leur bien-être.

Dysplasie de la hanche

La dysplasie de la hanche est une condition articulaire courante chez de nombreuses races de chiens, y compris les Border Collies.

Elle est caractérisée par un développement anormal de l'articulation de la hanche, ce qui peut entraîner une douleur et une boiterie. Il est essentiel de surveiller les signes de boiterie et de consulter un vétérinaire pour des examens réguliers et des radiographies si nécessaire.

Troubles oculaires

Les Border Collies peuvent être prédisposés à certains troubles oculaires, tels que la cataracte, la dysplasie rétinienne et l'atrophie progressive de la rétine. Ces conditions peuvent entraîner une diminution de la vision voire une cécité. Des examens ophtalmologiques réguliers sont recommandés pour détecter et traiter ces problèmes précocement.

Sensibilité aux médicaments

Les Border Collies peuvent être plus sensibles à certains médicaments, en particulier à certains médicaments utilisés pour l'anesthésie. Il est crucial d'informer ton vétérinaire de la race de ton chien afin qu'il puisse prendre les précautions appropriées lors de tout traitement médical.

Épilepsie

L'épilepsie, qui se manifeste par des crises convulsives, peut également affecter les Border Collies. Il est important de consulter un vétérinaire si tu observes des signes de convulsions chez ton chien. Le traitement de l'épilepsie peut nécessiter des médicaments anticonvulsivants pour contrôler les crises.

Allergies

Les Border Collies peuvent être prédisposés à des allergies, notamment aux allergies alimentaires et environnementales. Les symptômes courants d'allergies comprennent des démangeaisons, des rougeurs de la peau, des infections de l'oreille et des problèmes gastro-intestinaux. Si tu soupçonnes une allergie chez ton Border Collie, consulte un vétérinaire pour un diagnostic précis et un plan de traitement.

Sensibilité au stress

Les Border Collies sont des chiens sensibles et peuvent être sujets au stress et à l'anxiété. Des situations stressantes, des changements d'environnement ou des routines perturbées peuvent avoir un impact sur leur bien-être émotionnel. Il est important de fournir un environnement calme et sécurisé à ton chien et de lui offrir des techniques de gestion du stress appropriées.

Conclusion

La connaissance des problèmes de santé courants chez les Border Collies est essentielle pour pouvoir les détecter précocement et prendre les mesures appropriées. Il est important de travailler en étroite collaboration avec un vétérinaire pour les examens réguliers, les tests génététiques et les mesures préventives nécessaires pour maintenir la santé de ton Border Collie.

En plus des soins vétérinaires réguliers, tu peux également contribuer à prévenir certains problèmes de santé en adoptant des pratiques de soins appropriées. Assure-toi de fournir à ton chien une alimentation équilibrée et de qualité, de maintenir son poids dans une fourchette saine, de lui offrir suffisamment d'exercice et de stimulation mentale, et de veiller à ce qu'il soit à jour avec ses vaccins et ses traitements antiparasitaires.

La vigilance est également essentielle pour détecter les signes précoces de problèmes de santé chez ton Border Collie. Sois attentif à tout changement dans son comportement, son appétit, son poids, son niveau d'énergie ou ses habitudes de sommeil. N'hésite pas à consulter un vétérinaire si tu as des préoccupations ou des questions.

En prenant soin de la santé de ton Border Collie de manière proactive, tu contribueras à assurer une vie longue, heureuse et en bonne santé à ton fidèle compagnon.

1.6 Choisir le bon Border Collie pour toi : mâle ou femelle, chiot ou adulte

Lorsque tu envisages d'adopter un Border Collie, il est important de prendre en compte certains facteurs pour choisir le compagnon idéal qui correspond à ton style de vie et à tes attentes. Dans ce chapitre, nous explorerons les différences entre les mâles et les femelles, ainsi que les avantages et les considérations de l'adoption d'un chiot ou d'un adulte.

Mâle ou femelle : différences comportementales

En général, les mâles et les femelles Border Collies ont des différences comportementales subtiles, mais il est important de noter que chaque individu est unique et peut différer de la norme. Les mâles ont souvent tendance à être légèrement plus grands et plus musclés que les femelles, mais cela peut varier. Les mâles peuvent également présenter un comportement de marquage territorial plus prononcé, tandis que les femelles peuvent avoir des saisons (chaleurs) régulières. En fin de compte, le choix entre un mâle et une femelle dépendra de tes préférences personnelles et de ta capacité à gérer les comportements spécifiques à chaque sexe.

Chiot ou adulte : avantages et considérations

L'adoption d'un chiot Border Collie offre l'opportunité de façonner son éducation dès le plus jeune âge. Tu peux commencer la socialisation précoce, l'entraînement de base et établir une relation étroite dès le début. Cependant, l'éducation d'un chiot demande du temps, de la patience et un investissement important en termes d'énergie et de ressources. Les chiots ont besoin d'être guidés à travers chaque étape de leur développement.

D'autre part, l'adoption d'un Border Collie adulte peut être une option intéressante pour ceux qui préfèrent éviter les défis liés à l'éducation d'un chiot. Les chiens adultes sont souvent déjà formés et ont acquis une certaine maturité émotionnelle. Cependant, il est important de noter que les antécédents, le comportement passé et les éventuels problèmes de santé de l'adulte doivent être pris en compte lors de l'adoption. Une période d'adaptation peut également être nécessaire pour établir une relation solide avec un chien adulte.

Considérations supplémentaires

Au-delà des différences de sexe et de l'âge, il y a d'autres considérations importantes à prendre en compte lors du choix d'un Border Collie qui te convient :

- Niveau d'énergie : Les Border Collies sont des chiens très actifs et ont besoin d'exercice régulier et d'une stimulation mentale adéquate. Assure-toi que tu peux répondre à leurs besoins d'activité et d'exercice.
- Temps disponible : Les Border Collies demandent beaucoup d'attention et de temps. Assure-toi que tu peux consacrer suffisamment de temps à l'éducation, à l'entraînement et aux soins de ton chien.
- Environnement de vie : Les Border Collies sont plus adaptés à une vie active

Chapitre 2 L'éducation et les soins du Border Collie

2.1 L'importance de la socialisation précoce

La socialisation précoce est l'une des étapes les plus cruciales de l'éducation d'un Border Collie. Elle joue un rôle essentiel dans le développement de leur comportement social, de leur confiance et de leur capacité à interagir de manière positive avec leur environnement.

Dans ce chapitre, nous explorerons l'importance de la socialisation précoce et comment la mettre en pratique pour ton Border Collie.

Les avantages de la socialisation précoce

La socialisation précoce permet à ton Border Collie de s'habituer et de s'adapter à différentes situations, personnes, animaux et environnements dès leur plus jeune âge. Cela contribue à prévenir les comportements peureux, agressifs ou anxieux plus tard dans leur vie. Une socialisation adéquate favorise la confiance, l'aisance sociale et une attitude positive envers les nouvelles expériences.

Période sensible de socialisation

Les chiots Border Collies sont particulièrement réceptifs à la socialisation entre l'âge de 3 semaines et 14 semaines environ. C'est une période sensible où ils sont plus ouverts à l'apprentissage et à l'adaptation. Il est important de profiter de cette fenêtre d'opportunité pour exposer ton chiot à une variété de stimuli, de situations et de rencontres positives.

Exposition progressive et positive

L'exposition progressive et positive est la clé d'une socialisation réussie. Commence par des environnements calmes et familiers, puis introduis lentement des stimuli et des situations plus complexes. Assure-toi que chaque expérience est positive et agréable pour ton chiot. Utilise des renforcements positifs, des friandises, des éloges et des caresses pour récompenser son comportement calme et confiant.

Rencontre avec des personnes et des animaux

Il est essentiel d'exposer ton chiot Border Collie à une variété de personnes de différents âges, apparences et comportements. Encourage les interactions positives avec des amis, des membres de la famille, des étrangers bienveillants et d'autres propriétaires de chiens responsables. Organise des rencontres contrôlées avec des chiens bien socialisés pour favoriser des interactions saines et appropriées.

Découverte de différents environnements

Les Border Collies ont besoin d'être exposés à divers environnements tels que les parcs, les centres commerciaux, les rues animées, les transports en commun, etc. Cela leur permettra de s'habituer à différents bruits, odeurs, surfaces et situations. Veille à ce que ton chiot soit en sécurité et à l'aise lors de ces explorations, en gardant une attitude positive et rassurante.

Formation à la socialisation

Il peut être bénéfique de participer à des cours de socialisation pour chiots ou de travailler avec un éducateur canin expérimenté. Ces environnements contrôlés offrent des opportunités d'interaction avec d'autres chiots et propriétaires responsables, tout en recevant des conseils d'experts sur la manière de gérer les situations de socialisation.

Durée de la socialisation continue

La socialisation ne se limite pas à la période sensible de l'enfance. Elle doit se poursuivre tout au long de la vie de ton Border Collie. Continue à l'exposer à de nouvelles expériences, à des interactions positives avec des personnes et des animaux, et à l'entraîner à s'adapter à différents environnements. Cela renforcera sa confiance, sa sociabilité et sa capacité à gérer de manière appropriée de nouvelles situations.

Considérations importantes

Lors de la socialisation de ton Border Collie, garde à l'esprit les considérations suivantes :

- Assure-toi de respecter le rythme de ton chiot et de ne pas le submerger avec trop de stimuli à la fois. Progression lente et progressive est la clé.
- Sois attentif aux signes de stress ou de malaise de ton chiot, tels que le léchage excessif des lèvres, les tremblements, les oreilles plaquées en arrière ou le refus de participer. Si tu observes ces signes, réduis l'intensité de la situation ou donne à ton chiot une pause pour se calmer.
- Évite les expériences traumatisantes ou négatives pendant la période de socialisation. Des expériences négatives peuvent avoir des effets durables sur le comportement de ton Border Collie.
- Utilise des méthodes de renforcement positif pour récompenser les comportements calmes et confiants de ton chiot. Évite les punitions ou les réprimandes qui pourraient créer des associations négatives avec les nouvelles expériences.
- Sois proactif dans la socialisation de ton Border Collie. Plus tôt tu commences, plus facile il sera de prévenir les problèmes de comportement à l'avenir.

Conclusion

La socialisation précoce est d'une importance capitale dans l'éducation d'un Border Collie. Elle contribue à développer leur confiance, leur sociabilité et leur capacité à interagir positivement avec leur environnement. En suivant les principes de l'exposition progressive et positive, tu aideras ton chiot à s'adapter à différentes situations, personnes et animaux.

N'oublie pas que la socialisation est un processus continu tout au long de la vie de ton Border Collie. Continue à l'exposer à de nouvelles expériences, à des rencontres positives et à des environnements variés pour renforcer sa confiance et sa capacité d'adaptation.

Dans les chapitres suivants, nous aborderons d'autres aspects essentiels de l'éducation et des soins du Border Collie. Nous explorerons des sujets tels que l'entraînement avancé, la gestion des comportements et la promotion de la santé globale de ton chien.

2.2 L'apprentissage de la propreté : astuces et conseils pratiques

L'apprentissage de la propreté est une étape importante dans l'éducation d'un Border Collie. Cela demande de la patience, de la cohérence et de la compréhension. Dans ce chapitre, nous partagerons des astuces et des conseils pratiques pour t'aider à guider ton Border Collie vers une propreté réussie.

Comprendre les signaux de ton chien

Il est essentiel de comprendre les signaux que ton chien utilise pour indiquer ses besoins. Observe attentivement son comportement lorsqu'il a envie d'uriner ou de déféquer. Il peut se mettre à renifler, à tourner en rond, à gratter la porte ou à se montrer agité. Plus tu seras attentif à ces signaux, plus tu pourras intervenir rapidement et lui offrir l'opportunité de se soulager à l'extérieur.

Mettre en place un programme régulier

Établir une routine cohérente est crucial pour l'apprentissage de la propreté. Emmène ton chiot à l'extérieur à des moments spécifiques, comme après les repas, les siestes, les jeux et le réveil le matin. Utilise le même endroit à chaque fois pour l'encourager à comprendre que c'est l'endroit approprié pour faire ses besoins.

Superviser attentivement

Lorsque ton chiot est à l'intérieur de la maison, assure-toi de le superviser de près. Garde-le dans un espace restreint ou utilise une laisse pour éviter les accidents. Si tu ne peux pas le surveiller en permanence, place-le dans un enclos ou une zone sécurisée. Cela te permettra d'intervenir rapidement en cas de besoin.

Utiliser la récompense positive

La récompense positive est une technique efficace pour renforcer le comportement souhaité. Lorsque ton chiot fait ses besoins à l'extérieur, félicite-le chaleureusement, offre-lui des éloges et récompense-le avec une petite friandise.

Cela l'encouragera à associer l'acte de se soulager à un comportement positif et à continuer à le faire à l'endroit approprié.

Éviter les punitions

Il est important de ne pas utiliser la punition en cas d'accident à l'intérieur. Les Border Collies sont sensibles et réactifs, et l'utilisation de punitions peut entraîner de l'anxiété ou de la confusion. Si tu découvres un accident, nettoie-le calmement sans réprimander ton chien. Concentre-toi plutôt sur la prévention et la récompense des comportements souhaités.

Être patient et persévérant

L'apprentissage de la propreté peut prendre du temps et nécessite de la patience. Chaque chien est différent et certains peuvent apprendre plus rapidement que d'autres. Sois persévérant et continue à suivre les bonnes pratiques. Si ton chiot a des accidents occasionnels, ne te décourage pas. Continue à l'encourager et à le guider vers la propreté.

Prévenir les accidents

Pour prévenir les accidents, il est utile de prendre les mesures suivantes :

Emmène ton chiot à l'extérieur régulièrement, en respectant la routine établie. Plus tu lui offres d'opportunités de se soulager à l'extérieur, moins il y aura de risques d'accidents à l'intérieur.

Anticipe les besoins de ton chiot. Si tu remarques les signaux indiquant qu'il a besoin de se soulager, emmène-le immédiatement à l'endroit approprié.

Limite l'accès aux zones de la maison où tu ne peux pas superviser ton chiot. Utilise des barrières ou des portes pour garder certaines pièces hors de sa portée.

Surveille l'alimentation de ton chiot. Un horaire régulier d'alimentation permet de prévoir les moments où il aura probablement besoin de se soulager.

Nettoie les accidents à l'intérieur de la maison avec des produits spécifiques pour éliminer les odeurs. Les odeurs persistantes peuvent inciter ton chiot à utiliser le même endroit à nouveau.

Sois constant dans tes attentes en matière de propreté. Une fois que ton chiot a compris qu'il doit se soulager à l'extérieur, ne le confonds pas en lui permettant de le faire à l'intérieur de temps en temps.

Conclusion

L'apprentissage de la propreté est un processus essentiel dans l'éducation d'un Border Collie. En comprenant les signaux de ton chien, en établissant une routine cohérente, en supervisant attentivement et en utilisant la récompense positive, tu peux guider ton chiot vers une propreté réussie.

La patience, la persévérance et la prévention des accidents sont les clés du succès dans cette étape. Sois patient avec ton chiot et rappelle-toi qu'il apprend à comprendre tes attentes. Avec le temps, la cohérence et les bonnes pratiques, ton Border Collie développera les habitudes de propreté appropriées.

2.3 Gérer les morsures et les aboiements excessifs chez le chiot

Les morsures et les aboiements excessifs sont des comportements courants chez les chiots Border Collie. Comprendre pourquoi ces comportements se produisent et mettre en place des stratégies pour les gérer est essentiel pour favoriser un comportement approprié chez ton chiot. Dans ce chapitre, nous explorerons des conseils et des techniques pour gérer les morsures et les aboiements excessifs chez ton chiot Border Collie.

Comprendre les morsures chez les chiots

Les morsures font partie du comportement naturel des chiots. Ils explorent le monde avec leur bouche et utilisent leurs dents pour interagir avec leur environnement. Cependant, il est important d'apprendre à ton chiot à inhiber sa morsure pour éviter les blessures et les comportements indésirables.

Techniques pour gérer les morsures

1. La redirection : Lorsque ton chiot te mord ou mord un objet inapproprié, détourne son attention vers un jouet ou une friandise appropriée. Récompense-le lorsqu'il mord ces objets acceptables.
2. Le retrait de l'attention : Si ton chiot persiste à te mordre malgré la redirection, retire ton attention. Ignore-le temporairement en te levant et en t'éloignant. Cette action lui montre que les morsures entraînent la perte de ton attention et de ton interaction.

3. Utiliser un signal d'arrêt : Lorsque ton chiot te mord, utilise un signal sonore fort et clair, comme un "non" ferme. Cela lui indique que son comportement est inacceptable et que tu n'approuves pas ses morsures.

4. Les pauses de jeu : Si ton chiot devient trop excité pendant les séances de jeu et commence à mordre de manière inappropriée, interromps le jeu en te retirant temporairement. Cela lui permet de se calmer et d'apprendre que les morsures excessives entraînent l'arrêt du jeu.

Comprendre les aboiements excessifs

Les aboiements excessifs peuvent être causés par divers facteurs, notamment l'excitation, la peur, l'ennui ou le désir d'attirer l'attention. Il est important de comprendre la raison derrière les aboiements de ton chiot pour pouvoir les gérer efficacement.

Techniques pour gérer les aboiements excessifs

1. Identifier la cause : Observe attentivement les situations dans lesquelles ton chiot aboie excessivement. Identifie les déclencheurs spécifiques, tels que la présence d'étrangers, les bruits forts ou l'isolement, afin de mieux comprendre la cause des aboiements.

2. La distraction : Lorsque ton chiot commence à aboyer de manière excessive, utilise des techniques de distraction pour détourner son attention. Utilise un jouet interactif, donne-lui un ordre de base à

exécuter ou propose-lui une activité qui le garde occupé.

3. La socialisation : La socialisation adéquate peut aider à réduire les aboiements causés par la peur ou l'insécurité. Expose ton chiot à différentes personnes, animaux et situations dès son plus jeune âge. Cela contribuera à renforcer sa confiance et à réduire les aboiements excessifs dus à la peur.

4. L'entraînement à la commande "Silence" : Apprends à ton chiot à répondre à la commande "Silence" ou à un autre mot que tu choisis pour lui indiquer d'arrêter d'aboyer. Récompense-le lorsqu'il se calme et reste silencieux après avoir donné la commande.

5. L'activité physique et mentale : Assure-toi que ton chiot reçoit suffisamment d'exercice et de stimulation mentale. Un chien bien dépensé est moins susceptible de s'ennuyer et d'aboyer par frustration.

6. La gestion de l'environnement : Réduis les stimuli qui déclenchent les aboiements excessifs. Par exemple, utilise des rideaux ou des fenêtres teintées pour bloquer la vue des étrangers qui pourraient exciter ton chiot et provoquer des aboiements.

7. Consulter un professionnel : Si les morsures ou les aboiements excessifs de ton chiot persistent malgré tes efforts, n'hésite pas à demander l'aide d'un éducateur canin professionnel. Ils pourront évaluer la situation, t'offrir des conseils personnalisés et t'aider à mettre en place des stratégies adaptées à ton chiot.

Conclusion

La gestion des morsures et des aboiements excessifs chez ton chiot Border Collie est essentielle pour favoriser un comportement approprié et équilibré. Comprendre les raisons derrière ces comportements, utiliser des techniques de redirection, de retrait de l'attention et de commandes spécifiques, ainsi que l'entraînement à la socialisation et à l'obéissance, t'aideront à gérer ces comportements de manière efficace.

Rappelle-toi d'être patient et cohérent dans tes approches. Avec le temps, la formation et la gestion appropriée, ton chiot Border Collie apprendra à modérer ses morsures et à contrôler ses aboiements excessifs.

2.4 La mise en place d'une routine quotidienne pour ton chiot

La mise en place d'une routine quotidienne pour ton chiot Border Collie est essentielle pour son bien-être et son éducation. Une routine cohérente lui procure un sentiment de sécurité, de prévisibilité et facilite son apprentissage. Dans ce chapitre, nous partagerons des conseils pour établir une routine quotidienne efficace pour ton chiot Border Collie.

Les avantages d'une routine quotidienne

Une routine quotidienne offre plusieurs avantages à ton chiot Border Collie :

- Sécurité et prévisibilité : Une routine donne à ton chiot une structure régulière, ce qui lui permet de savoir à quoi s'attendre tout au long de la journée. Cela le rassure et lui offre un environnement sécurisé.
- Apprentissage facilité : Une routine cohérente facilite l'apprentissage de ton chiot. Il associe certaines activités à des moments spécifiques de la journée, ce qui lui permet de comprendre ce qui est attendu de lui et de s'adapter plus facilement.
- Gestion des besoins : Une routine bien établie t'aide à gérer les besoins de ton chiot, tels que les repas, les sorties pour se soulager et les périodes d'exercice. Cela permet de prévenir les accidents et les comportements indésirables.

Les éléments clés d'une routine quotidienne

Voici les éléments clés à inclure dans la routine quotidienne de ton chiot Border Collie :

- Les repas : Fixe des heures régulières pour les repas de ton chiot. Donne-lui une alimentation équilibrée et de qualité adaptée à son âge et à ses besoins. Assure-toi de fournir de l'eau fraîche et propre en tout temps.
- Les sorties pour se soulager : Emmène ton chiot à l'extérieur à des moments spécifiques, comme le matin, après les repas, après les siestes et avant le coucher. Utilise le même endroit à chaque fois pour l'encourager à se soulager à l'endroit approprié.
- L'exercice physique : Les Border Collies sont des chiens actifs qui ont besoin d'exercice régulier.

Prévois des périodes d'exercice appropriées à l'âge et aux capacités de ton chiot. Cela peut inclure des promenades, des jeux de récupération ou des séances de jeu actif dans le jardin.

- L'entraînement et la stimulation mentale : Consacre du temps à l'entraînement et à la stimulation mentale de ton chiot. Cela peut inclure des séances d'obéissance, des jeux d'intelligence, des jouets interactifs ou des puzzles alimentaires. Réserve des moments spécifiques pour ces activités d'apprentissage.

- Les moments de repos et de détente : Les chiots ont besoin de beaucoup de sommeil et de repos pour leur développement. Prévois des moments de calme où ton chiot peut se reposer et se détendre. Assure-toi de lui offrir un espace confortable pour se reposer.

- L'interaction sociale et les moments de jeu : Les Border Collies aiment interagir avec leur famille. Prévois des moments dédiés à l'interaction sociale et aux jeux avec ton chiot. Cela renforce le lien entre vous et favorise son développement social.

Flexibilité et ajustements

Gardez à l'esprit que la routine quotidienne de ton chiot peut nécessiter des ajustements au fil du temps. En fonction de son âge, de son niveau d'énergie et de ses besoins individuels, tu devras peut-être modifier certains aspects de la routine. Sois flexible et prêt à adapter la routine pour répondre aux besoins changeants de ton chiot.

Communication et cohérence

Pour que la routine quotidienne soit efficace, il est crucial de communiquer clairement avec tous les membres de la famille et de maintenir une cohérence dans les horaires et les activités. Assure-toi que tout le monde suit la routine établie pour éviter la confusion de ton chiot et renforcer son apprentissage.

Conclusion

La mise en place d'une routine quotidienne pour ton chiot Border Collie est un élément clé de son éducation et de son bien-être. Une routine cohérente offre sécurité, prévisibilité et facilite son apprentissage. En incluant les repas, les sorties pour se soulager, l'exercice physique, l'entraînement, les moments de repos, l'interaction sociale et les jeux, tu créeras une routine équilibrée et adaptée aux besoins de ton chiot.

Rappelle-toi d'être flexible et prêt à ajuster la routine en fonction des besoins changeants de ton chiot. La communication et la cohérence sont essentielles pour assurer une mise en œuvre réussie de la routine quotidienne.

2.5 La gestion de l'anxiété de séparation chez les chiots Border Collie

L'anxiété de séparation est un problème courant chez de nombreux chiots, y compris les Border Collies.

Lorsqu'ils sont séparés de leurs propriétaires, ces chiots peuvent manifester un stress excessif, ce qui peut entraîner des comportements indésirables tels que les aboiements excessifs, les destructions ou les problèmes de propreté.

Dans ce chapitre, nous explorerons des stratégies et des conseils pour gérer l'anxiété de séparation chez les chiots Border Collie.

Comprendre l'anxiété de séparation

L'anxiété de séparation se produit lorsque le chiot ressent un niveau élevé de stress ou d'inconfort lorsqu'il est seul ou séparé de son propriétaire.

Les Border Collies sont des chiens très attachés à leurs humains et peuvent avoir du mal à gérer la solitude. Il est important de comprendre que l'anxiété de séparation est un problème comportemental qui peut être traité avec patience et des méthodes appropriées.

Stratégies de gestion de l'anxiété de séparation

1. La socialisation progressive à la solitude : Il est essentiel d'habituer progressivement ton chiot à rester seul. Commence par de courtes périodes d'absence et augmente progressivement la durée au fil du temps. Utilise des jouets d'occupation, des friandises à mâcher ou des puzzles alimentaires pour divertir ton chiot pendant ton absence.
2. La création d'un environnement sûr et confortable : Assure-toi que l'espace dans lequel ton chiot reste pendant ton absence est sécurisé et confortable. Fournis-lui un endroit agréable avec un lit confortable, des jouets appropriés et de l'eau

fraîche. Utilise des barrières ou une caisse pour limiter son espace si nécessaire.

3. L'exercice physique et mental adéquat : Les Border Collies ont besoin de beaucoup d'exercice et de stimulation mentale. Avant de partir, assure-toi de fournir à ton chiot une séance d'exercice suffisante pour qu'il puisse se dépenser et se fatiguer. Utilise également des jouets interactifs et des jeux d'intelligence pour stimuler son esprit.

4. La désensibilisation aux signaux de départ : Les chiots Border Collie peuvent commencer à se stresser lorsque leur propriétaire commence à se préparer à partir. Pratique des routines de départ sans quitter réellement la maison pour désensibiliser ton chiot à ces signaux. En faisant cela, tu diminueras son association négative entre ces signaux et ton départ réel.

5. La gestion des départs et des retours : Minimise l'excitation autour des départs et des retours. Évite de faire des adieux excessivement émotionnels ou de donner une attention excessive à ton chiot dès ton retour. En agissant de manière calme et détendue, tu enverras un signal à ton chiot qu'il n'y a rien à craindre pendant tes absences.

6. L'utilisation de la musique ou des bruits apaisants : Certains chiots peuvent être apaisés par une musique douce ou des bruits apaisants. Mets en place une playlist spéciale ou utilise des enregistrements de bruits relaxants pour créer une ambiance calme pendant que ton chiot est seul.

7. La consultation d'un professionnel : Si malgré tes efforts, l'anxiété de séparation de ton chiot Border Collie persiste et a un impact négatif sur sa vie quotidienne, il peut être judicieux de consulter un vétérinaire ou un éducateur canin professionnel. Ils pourront évaluer la situation de manière approfondie et te fournir des conseils personnalisés pour gérer l'anxiété de séparation de ton chiot.

Patience et cohérence

La gestion de l'anxiété de séparation chez les chiots Border Collie demande de la patience et de la cohérence. Chaque chiot est unique, et il faudra peut-être du temps pour trouver les meilleures stratégies adaptées à ton chiot spécifique. Sois patient et persévère dans tes efforts pour aider ton chiot à se sentir plus à l'aise lorsqu'il est seul.

Conclusion

L'anxiété de séparation peut être un défi pour de nombreux propriétaires de chiots Border Collie.

Cependant, avec une approche adaptée, il est possible de gérer cette anxiété et d'aider ton chiot à se sentir plus en sécurité et plus détendu lorsqu'il est seul.

Utilise les stratégies de socialisation progressive, crée un environnement confortable, fournis de l'exercice physique et mental adéquat, et cherche l'aide d'un professionnel si nécessaire.

Chapitre 3 Préparer ton domicile pour accueillir ton chiot

Préparation de l'environnement

Lorsque tu accueilles un nouveau chiot Border Collie dans ta maison, il est important de préparer l'environnement pour assurer sa sécurité, son confort et faciliter son adaptation.

Dans ce chapitre, nous aborderons les éléments clés à prendre en compte pour préparer ton domicile à l'arrivée de ton chiot.

La zone de repos

Crée un espace confortable et sécurisé où ton chiot pourra se reposer et se détendre. Prévois un panier ou un lit douillet dans une zone calme de la maison. Assure-toi que cette zone est protégée des courants d'air et qu'elle n'est pas exposée à des températures extrêmes. Place quelques jouets à proximité pour l'occuper lorsqu'il est éveillé.

La zone d'alimentation

Détermine un endroit spécifique où ton chiot sera nourri. Utilise un bol adapté à sa taille et à sa croissance. Assure-toi que cet endroit est facilement accessible et qu'il est éloigné de l'endroit où ton chiot se repose.

Veille à garder cette zone propre et à fournir de l'eau fraîche en tout temps.

La zone de propreté

Choisis un endroit dédié à la propreté de ton chiot, que ce soit à l'extérieur ou à l'intérieur avec l'utilisation d'un bac à litière spécifique. Si tu optes pour une propreté à l'extérieur, aménage une zone délimitée où tu souhaites que ton chiot fasse ses besoins. Si tu prévois d'utiliser un bac à litière, place-le dans une zone accessible et facile à nettoyer.

La sécurisation de l'environnement

Avant l'arrivée de ton chiot, identifie les zones de la maison où il ne sera pas autorisé à accéder. Utilise des barrières ou des portes pour limiter l'accès à ces zones. Veille à ce que les espaces auxquels ton chiot aura accès soient sécurisés et exempts d'objets dangereux ou toxiques.

La gestion des câbles et des objets fragiles

Border Collie est un chiot curieux et actif qui aime explorer son environnement. Assure-toi de ranger les câbles électriques hors de sa portée et de sécuriser les objets fragiles ou précieux. Utilise des protège-câbles et des rangements pour éviter les accidents et les dommages.

La prévention des dangers potentiels

Inspecte minutieusement ton domicile pour identifier les dangers potentiels pour ton chiot. Cela peut inclure les produits chimiques ménagers, les plantes toxiques, les petits objets qui pourraient être avalés, etc. Élimine ou range ces éléments de manière sécurisée pour éviter tout accident.

L'aménagement des aires d'exercice

Les Border Collies sont des chiens énergiques qui ont besoin de beaucoup d'exercice physique. Aménage une zone dans ton jardin ou dans un espace extérieur où ton chiot pourra jouer et se dépenser en toute sécurité.

Clôture cette zone correctement pour éviter les fugues et assure-toi qu'elle est exempte de dangers tels que les plantes toxiques, les trous ou les objets tranchants.

L'identification de ton chiot

Avant l'arrivée de ton chiot, pense à l'identifier de manière permanente. Cela peut être fait par le biais d'une puce électronique implantée par un vétérinaire ou par le port d'un collier avec une médaille d'identification. Cela est essentiel au cas où ton chiot s'égarerait.

L'approvisionnement en matériel essentiel

Prévois le matériel essentiel dont tu auras besoin pour prendre soin de ton chiot Border Collie. Cela comprend une laisse adaptée à sa taille, un collier ou un harnais confortable, des gamelles pour la nourriture et l'eau, des jouets adaptés à son âge, une brosse pour le toilettage, des sacs pour les déjections, des friandises pour l'entraînement, etc.

Conclusion

La préparation de ton domicile pour accueillir ton chiot Border Collie est un élément crucial pour son bien-être et sa sécurité. En créant des zones spécifiques pour le repos, l'alimentation et la propreté, en sécurisant l'environnement, en prévenant les dangers potentiels et en fournissant des aires d'exercice adéquates, tu contribueras à faciliter son adaptation et à lui offrir un environnement favorable.

Prends le temps de préparer ton domicile avant l'arrivée de ton chiot, en prenant en compte les besoins spécifiques de la race Border Collie. Cela permettra à ton chiot de s'adapter plus facilement à son nouvel environnement et de s'épanouir.

3.2 Les fournitures essentielles pour ton chiot Border Collie

Lorsque tu accueilles un chiot Border Collie dans ta maison, il est important de disposer des fournitures essentielles pour répondre à ses besoins de base et faciliter son éducation. Dans ce chapitre, nous passerons en revue les fournitures essentielles dont tu auras besoin pour ton chiot Border Collie.

Le collier et la laisse

Un collier et une laisse adaptés à la taille de ton chiot sont indispensables pour les sorties à l'extérieur. Choisis un collier confortable et ajustable qui ne serre pas trop le cou de ton chiot. Opte pour une laisse en nylon ou en cuir, suffisamment solide pour résister à la force d'un Border Collie en pleine croissance.

Le harnais (en option)

Un harnais peut être une alternative au collier, surtout si ton chiot a tendance à tirer en laisse. Le harnais répartit la pression de manière plus équilibrée sur le corps de ton chiot, ce qui peut être plus confortable et aider à prévenir les blessures au cou. Choisis un harnais ajustable et approprié à la taille de ton chiot.

Les gamelles

Procure-toi des gamelles de qualité pour la nourriture et l'eau de ton chiot. Choisis des gamelles en acier inoxydable ou en céramique, faciles à nettoyer et durables. Évite les gamelles en plastique, car elles peuvent retenir les bactéries et se détériorer rapidement.

Les jouets

Les Border Collies sont des chiots énergiques qui ont besoin de stimulation mentale et physique. Fournis à ton chiot une variété de jouets adaptés à son âge et à sa taille. Choisis des jouets résistants, tels que des cordes à mâcher, des jouets en caoutchouc durables et des jouets interactifs pour les séances de jeu et d'entraînement.

Le panier ou le lit

Offre à ton chiot un panier ou un lit confortable où il pourra se reposer et se sentir en sécurité. Choisis une taille appropriée pour qu'il puisse s'étendre et se détendre pleinement. Opte pour un matériau facile à nettoyer et résistant aux griffures.

Les produits d'hygiène

Prévois les produits d'hygiène nécessaires pour prendre soin de ton chiot. Cela inclut un shampooing doux pour chien, une brosse adaptée à la longueur de son poil, des lingettes pour le nettoyage des oreilles et des yeux, un coupe-ongles pour les griffes et une brosse à dents et du dentifrice spécifiques pour les chiens.

Les friandises et la nourriture

Choisis une alimentation de qualité adaptée aux besoins nutritionnels de ton chiot Border Collie. Consulte ton vétérinaire pour obtenir des recommandations spécifiques. Prévois également des friandises saines et appétissantes pour l'entraînement et les récompenses. Opte pour des friandises adaptées à la taille de ton chiot et évite celles qui contiennent des ingrédients artificiels ou nocifs.

Le bac à litière ou les sacs pour les déjections

Si tu envisages d'utiliser un bac à litière pour la propreté de ton chiot à l'intérieur, assure-toi d'en acheter un adapté à sa taille et facile à nettoyer. Si tu prévois de le sortir pour se soulager à l'extérieur, prévois des sacs pour ramasser ses déjections lors des promenades.

La cage de transport (en option)

Une cage de transport peut être utile pour les déplacements en voiture ou pour créer un espace sécurisé pour ton chiot à la maison. Choisis une cage de transport suffisamment spacieuse pour que ton chiot puisse se tenir debout, se tourner et se coucher confortablement. Veille à ce qu'elle soit bien ventilée et dotée d'une porte solide et sécurisée.

Conclusion

Les fournitures essentielles sont un aspect important de la préparation de ton domicile pour accueillir ton chiot Border Collie. Assure-toi d'avoir un collier et une laisse adaptés, des gamelles de qualité, des jouets variés, un panier confortable, des produits d'hygiène appropriés, des friandises saines, un bac à litière ou des sacs pour les déjections, et éventuellement une cage de transport.

En fournissant les bonnes fournitures, tu créer un environnement sûr et confortable pour ton chiot Border Collie. N'oublie pas de consulter ton vétérinaire pour obtenir des conseils spécifiques sur la nourriture, les soins et les fournitures adaptées à ton chiot.

3.3 Créer un espace sûr et confortable pour ton chiot

Lorsque tu accueilles un chiot Border Collie dans ta maison, il est essentiel de créer un espace sûr et confortable où il pourra se développer, se reposer et s'épanouir. Dans ce chapitre, nous aborderons les éléments clés pour créer un tel environnement pour ton chiot.

La zone de repos

Crée une zone spécifique où ton chiot pourra se reposer en toute tranquillité. Choisis un endroit calme, loin des zones de passage fréquentes, pour lui permettre de se détendre sans être dérangé. Place un panier ou un lit douillet dans cette zone, avec des couvertures ou des coussins moelleux pour un confort optimal. Assure-toi que cet espace est à l'abri des courants d'air et de la lumière directe du soleil, afin que ton chiot puisse se reposer confortablement.

La sécurisation de l'espace

Veille à sécuriser l'espace dans lequel ton chiot évolue. Bloque l'accès aux zones dangereuses ou interdites, comme les escaliers ou les pièces contenant des objets toxiques ou fragiles. Utilise des barrières ou des portes pour empêcher l'accès à ces zones. Assure-toi également que les fils électriques, les câbles et les objets potentiellement dangereux sont rangés et hors de portée de ton chiot.

L'aménagement des aires de jeux

Les Border Collies sont des chiots actifs qui ont besoin de beaucoup d'exercice et de stimulation mentale. Aménage des aires de jeux dans ton domicile où ton chiot pourra se dépenser et s'amuser en toute sécurité. Cela peut inclure un espace dans le jardin pour les jeux en plein air, ainsi qu'une zone d'intérieur avec des jouets interactifs, des jeux d'intelligence et des activités d'entraînement. Assure-toi que ces espaces sont sécurisés et exempts d'objets dangereux.

La gestion des objets à mâcher

Les chiots ont un besoin naturel de mâcher pour soulager les douleurs des dents qui poussent et pour explorer leur environnement. Fournis à ton chiot une variété de jouets à mâcher adaptés à sa taille et à son âge. Évite les jouets en plastique ou ceux qui peuvent se casser facilement en petits morceaux, car ils pourraient être avalés et causer des problèmes de santé. Opte plutôt pour des jouets en caoutchouc durables ou des os à mâcher spécialement conçus pour les chiots.

La température et la ventilation

Assure-toi que la température de l'environnement dans lequel ton chiot évolue est confortable et adaptée à sa race. Les Border Collies peuvent être sensibles aux températures extrêmes. Évite les pièces trop chaudes ou trop froides, et assure une bonne ventilation pour une circulation d'air adéquate

L'accessibilité à l'eau et à la nourriture

Assure-toi que ton chiot a toujours accès à de l'eau fraîche et propre. Place des gamelles d'eau dans différentes zones de la maison pour qu'il puisse s'hydrater facilement. Veille à ce que les gamelles soient régulièrement remplies et nettoyées.

Pour la nourriture, crée un espace spécifique où tu placeras les gamelles de ton chiot. Choisis un endroit calme et facilement accessible. Évite de placer les gamelles près de sa zone de repos pour éviter tout conflit entre le repos et la nourriture.

L'hygiène et le toilettage

Prévois une zone dédiée au toilettage et aux soins de ton chiot. Cela peut inclure une table ou un plan de travail surélevé où tu pourras brosser son pelage, nettoyer ses oreilles, couper ses griffes et effectuer d'autres soins nécessaires. Assure-toi d'avoir à portée de main les produits d'hygiène appropriés, tels que le shampooing, la brosse, les lingettes pour les yeux et les oreilles, et les produits de soins dentaires.

L'identification et la sécurité

Assure-toi que ton chiot est correctement identifié en portant une médaille d'identification avec tes coordonnées ou en ayant une puce électronique implantée par un vétérinaire. En cas de fugue ou de perte, cela facilitera le retour en toute sécurité de ton chiot. Veille également à ce que les portes et les clôtures de ton domicile soient bien sécurisées pour éviter toute évasion.

Conclusion

La création d'un espace sûr et confortable pour ton chiot Border Collie est essentielle pour son bien-être et son épanouissement. En veillant à sa zone de repos, à la sécurisation de l'espace, à l'aménagement des aires de jeux, à la gestion des objets à mâcher, à la température et à la ventilation, à l'accessibilité à l'eau et à la nourriture, à l'hygiène et au toilettage, ainsi qu'à l'identification et à la sécurité, tu contribueras à offrir à ton chiot un environnement favorable à son développement.

3.4 Planifier les premières visites chez le vétérinaire

Lorsque tu accueilles un chiot Border Collie dans ta famille, il est important de planifier les premières visites chez le vétérinaire. Ces visites sont essentielles pour s'assurer de la bonne santé de ton chiot, mettre en place un calendrier de vaccination, effectuer des examens préventifs et recevoir des conseils sur les soins et l'alimentation. Dans ce chapitre, nous aborderons les points clés à prendre en compte lors de la planification des premières visites chez le vétérinaire pour ton chiot Border Collie.

Trouver un vétérinaire

La première étape consiste à trouver un vétérinaire compétent et expérimenté, de préférence spécialisé dans les soins des chiens. Demande des recommandations à des amis, des éleveurs ou des groupes de propriétaires de chiens. Il est important de choisir un vétérinaire en qui tu as confiance et avec qui tu te sens à l'aise pour poser toutes tes questions et discuter des besoins spécifiques de ton chiot Border Collie.

La première visite

La première visite chez le vétérinaire est généralement planifiée peu de temps après l'arrivée de ton chiot. Lors de cette visite, le vétérinaire effectuera un examen complet de ton chiot pour s'assurer de sa bonne santé. Il vérifiera son poids, son état général, son cœur, ses oreilles, ses yeux, ses dents et son pelage. Le vétérinaire pourra également discuter des vaccinations nécessaires, des vermifuges et des mesures préventives contre les parasites externes.

Les vaccinations

Les vaccinations sont un aspect crucial des soins de santé de ton chiot Border Collie. Elles jouent un rôle essentiel dans la prévention de maladies potentiellement graves. Ton vétérinaire établira un calendrier de vaccination adapté à l'âge de ton chiot et te fournira des recommandations sur les vaccins de base, tels que la vaccination contre la rage, la maladie de Carré, l'hépatite infectieuse canine et la leptospirose.

Les examens préventifs

Outre les vaccinations, ton vétérinaire pourra recommander des examens préventifs supplémentaires pour ton chiot. Cela peut inclure des tests de dépistage des parasites internes, tels que les vers, ainsi que des tests pour détecter les parasites externes, tels que les puces et les tiques. Ces examens permettront de détecter rapidement d'éventuels problèmes de santé et de mettre en place les traitements appropriés.

Les conseils sur l'alimentation et les soins

Les visites chez le vétérinaire sont également une occasion de recevoir des conseils sur l'alimentation et les soins de ton chiot Border Collie. Ton vétérinaire pourra te recommander une alimentation adaptée aux besoins nutritionnels spécifiques de ton chiot, en tenant compte de son âge, de sa taille et de sa condition physique. Il pourra également te fournir des conseils sur la fréquence et les portions de nourriture, ainsi que sur les compléments alimentaires éventuels.

En plus de l'alimentation, ton vétérinaire pourra te donner des conseils sur le toilettage et les soins spécifiques à ton chiot Border Collie. Il pourra t'indiquer comment brosser son pelage, nettoyer ses oreilles, couper ses griffes et prendre soin de sa santé bucco-dentaire. N'hésite pas à poser toutes tes questions et à demander des démonstrations pratiques pour que tu puisses effectuer ces soins correctement à la maison.

La planification des visites de suivi

Une fois que tu as effectué la première visite chez le vétérinaire, il est important de planifier les visites de suivi pour les soins réguliers de ton chiot. Ton vétérinaire pourra te recommander un calendrier de visites pour les vaccinations de rappel, les examens de santé et les suivis généraux. Il est essentiel de respecter ce calendrier pour assurer la santé et le bien-être à long terme de ton chiot.

Conclusion

La planification des premières visites chez le vétérinaire est une étape cruciale dans les soins de santé de ton chiot Border Collie. En trouvant un vétérinaire de confiance, en effectuant la première visite d'examen, en discutant des vaccinations nécessaires, des examens préventifs, de l'alimentation et des soins, tu mets en place les bases d'une bonne santé pour ton chiot.

N'oublie pas de noter les rendez-vous chez le vétérinaire dans ton calendrier et de poser toutes tes questions lors des visites pour obtenir des conseils personnalisés sur les besoins spécifiques de ton chiot Border Collie.

3.5 Choisir une alimentation adaptée aux besoins spécifiques du Border Collie

L'alimentation est un aspect crucial de la santé et du bien-être de ton chiot Border Collie. Choisir une alimentation adaptée à ses besoins spécifiques est essentiel pour assurer une croissance saine, une énergie suffisante et une bonne santé à long terme. Dans ce chapitre, nous aborderons les points clés à prendre en compte lors du choix d'une alimentation pour ton chiot Border Collie.

Les besoins nutritionnels du Border Collie

Le Border Collie est une race active et énergique qui nécessite une alimentation équilibrée et nutritive. Leur alimentation doit fournir les nutriments essentiels pour soutenir leur croissance, leur développement musculaire et leur activité physique. Les principaux nutriments à prendre en compte sont les protéines de haute qualité, les graisses saines, les glucides complexes, les vitamines et les minéraux.

Les aliments commerciaux pour chiens

Les aliments commerciaux pour chiens se présentent sous différentes formes : croquettes, pâtées et aliments humides. Il est important de choisir des aliments de qualité, spécialement formulés pour les chiots Border Collie. Lis attentivement les étiquettes des produits et cherche des ingrédients de haute qualité, tels que des protéines de viande comme le poulet, le bœuf ou le poisson, des céréales complètes et des légumes.

Les aliments faits maison

Certains propriétaires choisissent de préparer des repas faits maison pour leur chiot Border Collie. Si tu optes pour cette option, il est essentiel de bien comprendre les besoins nutritionnels spécifiques de ton chiot et de consulter un vétérinaire ou un nutritionniste canin pour obtenir des conseils appropriés. Les repas faits maison doivent être équilibrés, inclure une variété d'aliments et éviter les ingrédients nocifs ou toxiques pour les chiens.

La transition alimentaire

Lorsque tu changes l'alimentation de ton chiot Border Collie, il est important de le faire progressivement pour éviter les troubles digestifs. Commence par mélanger une petite quantité du nouvel aliment avec l'aliment précédent et augmente progressivement la proportion du nouvel aliment sur plusieurs jours. Surveille attentivement les réactions de ton chiot et ajuste la transition si nécessaire.

Les portions et la fréquence des repas

La quantité de nourriture et la fréquence des repas dépendent de l'âge, de la taille et du niveau d'activité de ton chiot Border Collie. Les chiots ont besoin de repas fréquents et de petites portions pour soutenir leur croissance. Consulte les recommandations de ton vétérinaire pour déterminer les portions appropriées et divise-les en plusieurs repas tout au long de la journée.

La gestion du poids

La gestion du poids est importante pour la santé à long terme de ton chiot Border Collie. Veille à ce qu'il maintienne un poids corporel sain en contrôlant la quantité de nourriture qu'il consomme et en lui offrant suffisamment d'exercice. Évite de suralimenter ton chiot et ajuste les portions en fonction de son niveau d'activité. Surveille également son poids régulièrement et consulte ton vétérinaire si tu as des préoccupations concernant sa prise de poids ou sa croissance.

Les compléments alimentaires

Dans certains cas, ton vétérinaire peut recommander des compléments alimentaires pour répondre aux besoins spécifiques de ton chiot Border Collie. Cela peut inclure des compléments pour la santé des articulations, des probiotiques pour la santé digestive ou des suppléments d'acides gras pour la santé de la peau et du pelage. Avant de donner des compléments à ton chiot, consulte toujours ton vétérinaire pour obtenir des recommandations appropriées.

Les allergies alimentaires

Certains Border Collies peuvent présenter des sensibilités ou des allergies alimentaires. Si ton chiot présente des symptômes tels que des démangeaisons, des problèmes de peau, des problèmes digestifs ou des troubles respiratoires après avoir mangé certaines aliments, il est important de consulter ton vétérinaire. Un régime d'élimination contrôlé ou des tests d'allergie peuvent être nécessaires pour identifier les aliments problématiques et ajuster son alimentation en conséquence.

Conclusion

Choisir une alimentation adaptée aux besoins spécifiques de ton chiot Border Collie est essentiel pour sa santé et son bien-être. Que tu optes pour des aliments commerciaux pour chiens de qualité ou des repas faits maison, assure-toi de fournir une alimentation équilibrée et nutritive. Consulte ton vétérinaire pour obtenir des recommandations spécifiques à ton chiot, et n'oublie pas de surveiller son poids et de réguler les portions pour maintenir sa santé à long terme.

Chapitre 4 Les soins de base pour un chiot Border Collie

4.1 Les soins de base pour un chiot border collie

Lorsque tu accueilles un chiot Border Collie dans ta famille, il est essentiel de lui fournir les soins de base nécessaires pour assurer sa santé et son bien-être. Dans ce chapitre, nous aborderons les différents aspects des soins de base pour ton chiot Border Collie.

L'alimentation équilibrée

L'alimentation est l'un des aspects les plus importants des soins de base pour ton chiot Border Collie. Assure-toi de lui fournir une alimentation équilibrée et de qualité, adaptée à ses besoins nutritionnels spécifiques. Choisis des aliments commerciaux de haute qualité formulés pour les chiots, ou consulte un vétérinaire pour élaborer un régime alimentaire fait maison appropriée. Veille à respecter les portions recommandées et à lui fournir de l'eau fraîche et propre en tout temps.

L'hygiène et le toilettage

Le toilettage régulier est essentiel pour maintenir la propreté et la santé de ton chiot Border Collie. Brosse-le régulièrement pour éliminer les poils morts et éviter les nœuds. Nettoie ses oreilles avec des solutions adaptées pour prévenir les infections. Coupe régulièrement ses griffes pour éviter qu'elles ne deviennent trop longues et inconfortables. N'oublie pas de brosser ses dents régulièrement pour prévenir les problèmes dentaires.

L'exercice physique adéquat

Le Border Collie est une race active et énergique qui a besoin d'exercice régulier pour rester en bonne santé et épanoui. Assure-toi de lui fournir suffisamment d'exercice physique adapté à son âge et à sa condition physique. Les promenades, les jeux interactifs et les séances d'entraînement sont autant de moyens de lui permettre de se dépenser mentalement et physiquement. Veille à ce qu'il ait suffisamment d'espace pour se déplacer et jouer en toute sécurité.

Les visites chez le vétérinaire

Les visites chez le vétérinaire sont une partie essentielle des soins de base pour ton chiot Border Collie. Planifie régulièrement des visites chez le vétérinaire pour les vaccinations, les examens de santé et les soins préventifs. Ton vétérinaire pourra également t'offrir des conseils personnalisés sur la santé de ton chiot et répondre à toutes tes questions et préoccupations.

L'éducation et la socialisation

L'éducation et la socialisation sont des éléments clés pour le développement harmonieux de ton chiot Border Collie. Consacre du temps à lui apprendre les commandes de base, à le socialiser avec d'autres chiens et à l'exposer à différents environnements, personnes et situations. Une éducation appropriée et une socialisation précoce contribueront à former un chien bien équilibré et obéissant.

L'amour, l'affection et l'attention

Enfin, n'oublie pas d'offrir à ton chiot Border Collie tout l'amour, l'affection et l'attention dont il a besoin. Les chiots Border Collie sont très attachés à leurs propriétaires et ont besoin d'une interaction régulière pour se sentir aimés et en sécurité. Passe du temps de qualité avec ton chiot, joue avec lui, caresse-le et montre-lui ton affection. Une relation étroite basée sur la confiance et l'amour favorisera son bien-être émotionnel et contribuera à renforcer votre lien.

Conclusion

Les soins de base pour un chiot Border Collie comprennent une alimentation équilibrée, une hygiène et un toilettage réguliers, un exercice physique adapté, des visites chez le vétérinaire, une éducation et une socialisation appropriées, ainsi que beaucoup d'amour et d'attention. En fournissant ces soins essentiels, tu contribueras à assurer la santé, le bonheur et le bien-être de ton chiot Border Collie.

4.2 Les premières nuits: gérer le sommeil du chiot

Lorsque tu ramènes ton chiot Border Collie à la maison, les premières nuits peuvent être un défi tant pour toi que pour lui. Gérer son sommeil de manière appropriée est essentiel pour favoriser une bonne nuit de repos pour tous. Dans ce chapitre, nous aborderons des conseils pratiques pour gérer le sommeil de ton chiot Border Collie lors des premières nuits.

Créer un espace de couchage confortable

Avant l'arrivée de ton chiot, prépare un espace de couchage confortable et sûr. Utilise un panier ou un lit douillet avec une couverture moelleuse où ton chiot pourra se reposer. Place son panier dans un endroit calme et tranquille, à l'écart des bruits et des distractions. Assure-toi que cet espace est suffisamment spacieux pour qu'il puisse s'étirer et se tourner facilement.

Établir une routine de coucher

Mettre en place une routine de coucher régulière aidera ton chiot à comprendre qu'il est temps de se reposer. Choisis un horaire fixe pour les repas du soir, les dernières sorties pour se soulager et les moments de jeu avant de se coucher. Crée une ambiance calme et détendue en baissant les lumières et en limitant les stimuli avant d'aller au lit.

Gérer les pleurs et les angoisses de séparation

Il est courant que les chiots pleurent ou expriment de l'anxiété lors des premières nuits loin de leur mère et de leur fratrie. Sois patient et compréhensif. Rassure ton chiot en lui parlant doucement, en le caressant ou en plaçant un vêtement avec ton odeur près de lui pour le réconforter. Évite de céder aux pleurs en le prenant dans ton lit, car cela pourrait créer une dépendance difficile à briser par la suite.

Utiliser une cage de transport ou un parc à chiot

L'utilisation d'une cage de transport ou d'un parc à chiot peut aider à créer un espace sécurisé pour ton chiot pendant la nuit. Les chiots se sentent souvent rassurés dans un espace confiné qui simule la sécurité d'une tanière. Assure-toi que la cage ou le parc est suffisamment spacieux pour que ton chiot puisse se tenir debout, se tourner et se coucher confortablement. Introduis-le progressivement à la cage ou au parc en le rendant attrayant avec des jouets et des friandises.

Les sorties nocturnes pour les besoins

Les chiots ont souvent besoin de sorties nocturnes pour se soulager. Prévois des sorties régulières avant de te coucher, ainsi que des sorties en milieu de nuit si nécessaire. Emmène ton chiot dans un endroit désigné où il peut faire ses besoins, en utilisant un mot clé pour l'encourager à se soulager. Récompense-le avec des éloges et des friandises après qu'il a fait ses besoins à l'extérieur. Réduis progressivement le nombre de sorties nocturnes à mesure que ton chiot grandit et développe son contrôle de la vessie.

Éviter les stimulations excessives avant le coucher

Évite les activités stimulantes et les jeux vigoureux juste avant le coucher. Les Border Collies sont naturellement énergiques et peuvent avoir du mal à se calmer rapidement. Favorise des activités relaxantes, comme une courte promenade ou une séance de jeu calme, pour les aider à se détendre avant de dormir.

La patience et la constance

Il est important d'être patient et constant lors de l'établissement d'une routine de sommeil pour ton chiot Border Collie. Les premières nuits peuvent être difficiles, mais avec le temps, ton chiot s'adaptera à son nouvel environnement et à sa routine de sommeil. Reste cohérent dans tes actions et tes attentes, et rappelle-toi que le sommeil du chiot s'améliorera progressivement.

Conclusion

Gérer le sommeil du chiot Border Collie lors des premières nuits est une étape importante pour établir une routine de sommeil saine.

En créant un espace de couchage confortable, en établissant une routine de coucher, en gérant les pleurs et les angoisses de séparation, en utilisant une cage de transport ou un parc à chiot, en prévoyant des sorties nocturnes pour les besoins, en évitant les stimulations excessives avant le coucher, et en faisant preuve de patience et de constance, tu contribueras à favoriser un sommeil paisible pour ton chiot Border Collie.

4.3 L'établissement d'une routine d'alimentation pour ton chiot

Une routine d'alimentation régulière est essentielle pour assurer une alimentation équilibrée et saine à ton chiot Border Collie. En établissant une routine d'alimentation, tu lui offres une structure et une stabilité, favorisant ainsi sa santé et son bien-être.

Dans ce chapitre, nous explorerons les éléments clés pour établir une routine d'alimentation efficace pour ton chiot Border Collie.

Déterminer les besoins nutritionnels

Il est important de comprendre les besoins nutritionnels spécifiques de ton chiot Border Collie. Les chiots ont des besoins différents de ceux des chiens adultes en termes de protéines, de calories et de nutriments essentiels pour soutenir leur croissance et leur développement. Consulte ton vétérinaire pour déterminer les portions recommandées et choisir une alimentation adaptée à son stade de croissance.

Choix de l'alimentation

Il existe deux principales options d'alimentation pour ton chiot Border Collie : l'alimentation commerciale et l'alimentation faite maison. Les aliments commerciaux spécialement formulés pour les chiots offrent un équilibre nutritionnel complet et sont pratiques à utiliser. Si tu souhaites préparer toi-même les repas de ton chiot, consulte un vétérinaire ou un nutritionniste canin pour obtenir des conseils sur une alimentation faite maison équilibrée et appropriée.

Les repas réguliers

Il est recommandé de diviser la ration quotidienne de ton chiot en plusieurs repas réguliers tout au long de la journée. Les chiots plus jeunes peuvent nécessiter jusqu'à quatre repas par jour, tandis que les chiots plus âgés peuvent passer à trois repas par jour. Détermine des horaires réguliers pour les repas et nourris ton chiot à des intervalles réguliers pour maintenir une digestion saine et prévenir les problèmes de suralimentation.

Les portions appropriées

La suralimentation est un problème courant chez les chiots Border Collie, car ils peuvent être avides de nourriture.

Contrôle les portions alimentaires pour éviter un excès de poids et favoriser une croissance saine. Suis les recommandations de ton vétérinaire concernant les portions appropriées en fonction de l'âge, du poids et du niveau d'activité de ton chiot.

L'hygiène alimentaire
Assure-toi que les gamelles de nourriture et d'eau de ton chiot sont toujours propres et remplies d'eau fraîche.

Nettoie régulièrement les gamelles pour éviter les contaminations bactériennes. Utilise des gamelles en acier inoxydable ou en céramique plutôt qu'en plastique, car elles sont plus faciles à nettoyer et moins susceptibles de retenir les bactéries.

Les récompenses et les friandises

Les récompenses et les friandises jouent un rôle important dans l'éducation et l'entraînement de ton chiot Border Collie. Utilise des friandises saines et de petite taille pour récompenser les bons comportements et renforcer les apprentissages.

Veille à ne pas exagérer avec les friandises et à les intégrer dans la quantité totale de nourriture quotidienne de ton chiot pour éviter un déséquilibre nutritionnel.

Consistance et suivi

La consistance est essentielle lors de l'établissement d'une routine d'alimentation pour ton chiot Border Collie. Respecte les horaires de repas réguliers et les portions recommandées. Évite de donner des restes de table ou des aliments non appropriés à ton chiot, car cela peut perturber sa digestion et créer des habitudes alimentaires indésirables. Surveille régulièrement le poids et l'état de santé de ton chiot et ajuste les portions si nécessaire.

Les changements alimentaires progressifs

Si tu décides de changer l'alimentation de ton chiot Border Collie, fais-le progressivement pour éviter les troubles digestifs. Introduis le nouvel aliment en le mélangeant graduellement avec l'ancien sur une période de plusieurs jours, en augmentant progressivement la proportion du nouvel aliment. Surveille attentivement les réactions de ton chiot et ajuste le processus de transition si nécessaire.

Conclusion

L'établissement d'une routine d'alimentation régulière et équilibrée pour ton chiot Border Collie est essentiel pour sa croissance, sa santé et son bien-être. Détermine les besoins nutritionnels de ton chiot, choisis une alimentation adaptée, divise les repas en portions appropriées et nourris ton chiot à des horaires réguliers. Sois conséquent dans tes actions, veille à son hygiène alimentaire et offre-lui des récompenses saines.

4.4 Les jeux et les exercices appropriés pour un chiot Border Collie

Le Border Collie est une race connue pour son intelligence, son énergie débordante et son besoin constant de stimulation physique et mentale. Les jeux et les exercices appropriés sont essentiels pour répondre aux besoins de ton chiot Border Collie et pour favoriser son développement sain et équilibré. Dans ce chapitre, nous explorerons les types de jeux et d'exercices adaptés à un chiot Border Collie.

Les jeux d'interaction
Les jeux d'interaction sont un excellent moyen de créer un lien étroit avec ton chiot Border Collie tout en stimulant son esprit et son corps. Joue à des jeux de récupération de balles, de frisbee ou de lancer de jouets pour lui permettre de libérer son énergie et d'exercer ses capacités de course et de saut. Assure-toi de jouer dans un espace sûr et clôturé pour éviter qu'il ne se mette en danger.

Les jeux de recherche et de stimulation mentale

Les jeux de recherche et de stimulation mentale sont parfaits pour les Border Collies, qui adorent utiliser leur intelligence et résoudre des problèmes. Cache des friandises ou des jouets dans différents endroits de la maison ou du jardin et encourage ton chiot à les retrouver en utilisant son flair et sa capacité de recherche. Utilise également des jouets interactifs et des puzzles pour stimuler son esprit et le divertir.

Les jeux d'obéissance et de dressage

Le Border Collie est une race très réceptive à l'entraînement et à l'obéissance. Les jeux d'obéissance et de dressage, tels que l'apprentissage des commandes de base, les exercices d'agilité et les jeux d'obstacle, sont excellents pour stimuler son intelligence et renforcer la relation entre toi et ton chiot. Utilise des récompenses, comme des friandises ou des éloges, pour encourager et motiver ton chiot lors des séances d'entraînement.

Les promenades et les courses

Les promenades et les courses sont essentielles pour répondre aux besoins d'exercice physique de ton chiot Border Collie. Emmène-le régulièrement en promenade dans différents environnements pour lui permettre de découvrir de nouvelles choses et de socialiser avec d'autres chiens et personnes. Encourage-le à marcher à tes côtés sans tirer sur la laisse et offre-lui des moments de course contrôlée dans des espaces ouverts et sécurisés.

Les jeux d'interactions sociales

Les Border Collies sont des chiens sociaux qui apprécient l'interaction avec d'autres chiens et personnes. Organise des séances de jeu avec d'autres chiots ou chiens bien éduqués pour permettre à ton chiot de développer ses compétences sociales et de se dépenser. Assure-toi que les interactions sont positives et supervisées pour éviter les comportements indésirables ou les situations stressantes.

La modération et l'adaptation

Il est important de veiller à la modération et à l'adaptation des jeux et des exercices pour ton chiot Border Collie. Bien que l'énergie et l'endurance de cette race soient impressionnantes, il est essentiel de ne pas surcharger ou fatiguer excessivement ton chiot, en particulier pendant sa croissance. Répartis les activités tout au long de la journée et ajuste leur intensité en fonction de l'âge, de la condition physique et des limites individuelles de ton chiot.

Les avantages des jeux d'intelligence

Les jeux d'intelligence sont particulièrement bénéfiques pour les Border Collies, car ils stimulent leur esprit vif et leur capacité d'apprentissage. En proposant régulièrement des jeux d'intelligence, tu favoriseras le développement cognitif de ton chiot, tout en renforçant son obéissance et sa concentration. Ces jeux peuvent inclure des jouets à remplir de friandises, des puzzles interactifs ou des exercices de résolution de problèmes.

Conclusion

Les jeux et les exercices appropriés sont essentiels pour répondre aux besoins d'un chiot Border Collie en matière de stimulation physique et mentale. Les jeux d'interaction, les jeux de recherche, les jeux d'obéissance, les promenades, les jeux d'interactions sociales et les jeux d'intelligence sont autant d'activités qui permettent à ton chiot de se dépenser, de se divertir et de se développer harmonieusement.

N'oublie pas d'adapter les jeux et les exercices en fonction de l'âge, de la condition physique et des limites de ton chiot.

Veille à ce qu'il bénéficie d'un équilibre entre exercice, repos et stimulation mentale pour maintenir sa santé et son bien-être.

4.5 Les soins de santé préventifs et les vaccinations nécessaires

La santé de ton chiot Border Collie est d'une importance capitale pour assurer une vie longue, heureuse et sans soucis. Les soins de santé préventifs et les vaccinations appropriées sont essentiels pour prévenir les maladies et maintenir ton chiot en bonne santé. Dans ce chapitre, nous aborderons les soins de santé préventifs et les vaccinations nécessaires pour ton chiot Border Collie.

Les visites chez le vétérinaire

Dès l'arrivée de ton chiot à la maison, il est essentiel de planifier une visite chez le vétérinaire. Le vétérinaire effectuera un examen complet de ton chiot pour détecter d'éventuels problèmes de santé, évaluer son état général et établir un plan de soins approprié. Il te fournira également des conseils sur l'alimentation, l'exercice et d'autres aspects de la santé de ton chiot.

Le calendrier de vaccination

Les vaccinations sont un moyen crucial de protéger ton chiot Border Collie contre les maladies potentiellement mortelles. Ton vétérinaire établira un calendrier de vaccination approprié pour ton chiot, en tenant compte de son âge, de son historique de vaccination et des risques associés à son environnement. Les vaccins couramment administrés comprennent ceux contre la maladie de Carré, l'hépatite infectieuse canine, la leptospirose, la parvovirose et la rage.

Les traitements antiparasitaires

Les parasites, tels que les puces, les tiques, les vers et les acariens, peuvent causer des problèmes de santé chez ton chiot. Il est important de mettre en place un programme de prévention et de traitement antiparasitaire approprié recommandé par ton vétérinaire. Cela peut inclure l'utilisation de colliers antipuces et antitiques, de produits topiques ou oraux pour le contrôle des parasites internes, et des mesures de prévention pour éviter les zones infestées par les parasites.

La stérilisation/castration

La stérilisation ou la castration de ton chiot Border Collie peut être recommandée par ton vétérinaire. Outre la gestion de la reproduction, la stérilisation/castration présente des avantages pour la santé de ton chiot, tels que la réduction des risques de certains cancers et de certains problèmes comportementaux. Consulte ton vétérinaire pour discuter du bon moment et des avantages potentiels de la stérilisation/castration.

Les soins dentaires

La santé dentaire est souvent négligée chez les chiens, mais elle est essentielle pour leur bien-être général. Il est important de prendre soin des dents de ton chiot Border

Collie dès son plus jeune âge. Brosser régulièrement ses dents avec une brosse à dents et un dentifrice spécialement conçus pour les chiens. Offre également des jouets à mâcher appropriés pour favoriser l'hygiène dentaire et réduire la formation de tartre.

Les examens de santé réguliers

Outre les visites chez le vétérinaire pour les vaccinations, il est important de planifier des examens de santé réguliers pour ton chiot Border Collie.

Ces examens permettent de détecter précocement d'éventuels problèmes de santé et d'assurer un suivi de sa croissance et de son développement.

Ton vétérinaire effectuera des examens physiques, des tests sanguins et d'autres évaluations nécessaires pour s'assurer que ton chiot est en bonne santé.

Les premiers secours et les situations d'urgence

Il est également essentiel de se familiariser avec les premiers secours pour les chiens et d'être préparé en cas de situation d'urgence. Apprends les gestes de premiers secours de base, tels que la réanimation cardio-pulmonaire (RCP) et les techniques d'arrêt des saignements.

Prépare une trousse de premiers secours contenant des fournitures d'urgence appropriées. En cas d'urgence, contacte immédiatement ton vétérinaire ou le service d'urgence vétérinaire le plus proche.

Conclusion

Les soins de santé préventifs et les vaccinations appropriées sont essentiels pour maintenir ton chiot Border Collie en bonne santé et prévenir les maladies.

Planifie régulièrement des visites chez le vétérinaire, suis le calendrier de vaccination recommandé, utilise des traitements antiparasitaires appropriés, envisage la stérilisation/castration si nécessaire, prends soin de sa santé dentaire et assure un suivi régulier de sa santé par des examens vétérinaires.

Sois également préparé en cas de situations d'urgence en connaissant les premiers secours pour les chiens.

Chapitre 5 L'entraînement de base

5.1 Les principes de base de l'entraînement positif

L'entraînement est une partie essentielle de l'éducation de ton chiot Border Collie. L'approche de l'entraînement positif repose sur des méthodes bienveillantes et respectueuses qui renforcent les comportements souhaités et favorisent une relation solide et confiante entre toi et ton chien. Dans ce chapitre, nous explorerons les principes de base de l'entraînement positif pour ton chiot Border Collie.

La récompense et le renforcement positif

L'un des principes fondamentaux de l'entraînement positif est d'utiliser la récompense et le renforcement positif pour encourager les comportements souhaités. Lorsque ton chiot exécute un comportement approprié, récompense-le immédiatement avec des éloges, des caresses et des friandises. Cela renforce positivement son comportement et l'encourage à le répéter à l'avenir.

La clarté et la cohérence

La clarté et la cohérence sont essentielles pour un entraînement efficace. Utilise des commandes claires et concises pour indiquer à ton chiot ce que tu attends de lui. Sois cohérent dans tes attentes et tes récompenses pour éviter toute confusion. Répète les commandes de manière constante et utilise toujours les mêmes mots pour les mêmes actions.

La patience et la bienveillance

L'entraînement nécessite de la patience et de la bienveillance. Sois patient avec ton chiot et n'oublie pas qu'il est en train d'apprendre et de s'adapter à son environnement. Évite les méthodes punitives ou coercitives, car elles peuvent entraîner la peur ou l'anxiété chez ton chiot. Favorise plutôt une approche douce et bienveillante, en tenant compte de ses besoins individuels.

L'adaptation à l'âge et aux capacités

L'entraînement positif doit tenir compte de l'âge et des capacités de ton chiot Border Collie. Les jeunes chiots peuvent avoir une capacité d'attention plus courte, donc les séances d'entraînement doivent être courtes et ludiques. Augmente progressivement la durée et la complexité des exercices à mesure que ton chiot grandit et développe ses compétences.

La socialisation et l'exposition progressive

La socialisation est un aspect crucial de l'entraînement de ton chiot Border Collie. Expose-le dès son plus jeune âge à différentes personnes, animaux, environnements et stimuli pour lui permettre de s'habituer et de se sentir à l'aise dans diverses situations. Procède à des rencontres positives et graduées, en récompensant les interactions appropriées, pour renforcer sa confiance sociale.

L'entraînement progressif

L'entraînement positif doit être progressif et étape par étape. Commence par les commandes de base, telles que "assis" et "couché", avant de passer à des exercices plus avancés. Décompose les comportements plus complexes en étapes plus petites et renforce chaque étape avant de passer à la suivante. Cela permet à ton chiot de comprendre clairement ce que tu attends de lui et de progresser à son rythme.

La gestion des erreurs

Les erreurs font partie intégrante de l'apprentissage. Lorsque ton chiot fait une erreur, ne le réprimande pas. Au lieu de cela, recentre ton attention sur le comportement souhaité et récompense-le lorsqu'il l'exécute correctement. Utilise des techniques de redirection pour détourner son attention des comportements indésirables vers des comportements appropriés.

La patience et la persévérance

L'entraînement positif demande de la patience et de la persévérance. Chaque chiot a son propre rythme d'apprentissage, et il peut y avoir des hauts et des bas. Sois persévérant et répète les exercices régulièrement. Reste calme et patient, même face à des défis, et célèbre les progrès de ton chiot, aussi petits soient-ils.

Conclusion

L'entraînement positif est une approche bienveillante et efficace pour éduquer ton chiot Border Collie. En utilisant la récompense et le renforcement positif, en étant clair et cohérent, en faisant preuve de patience et de bienveillance, en adaptant l'entraînement à l'âge et aux capacités de ton chiot, en favorisant la socialisation et l'exposition progressive, en procédant de manière progressive et en gérant les erreurs avec tact, tu créeras un environnement d'apprentissage positif pour ton chiot.

5.2 Apprendre les commandes de base : assis, couché, viens, pas bouger

Les commandes de base sont les fondements de l'entraînement de ton chiot Border Collie. Elles lui permettent de comprendre et de répondre à tes demandes, facilitant ainsi la communication et le contrôle.

Dans ce chapitre, nous aborderons les commandes de base les plus courantes : assis, couché, viens et pas bouger. Apprendre ces commandes à ton chiot Border Collie est essentiel pour son éducation et sa sécurité.

La commande "Assis"

La commande "Assis" est l'une des premières commandes que tu devrais apprendre à ton chiot Border Collie. Voici les étapes pour enseigner cette commande :

1. Tiens une friandise près du museau de ton chiot.
2. Lève lentement ta main, amenant la friandise au-dessus de sa tête. Ton chiot suivra naturellement la friandise avec son regard, et son arrière-train se baissera instinctivement.

3. Lorsque ton chiot est dans une position assise, prononce clairement le mot "Assis" et donne-lui immédiatement la friandise en le félicitant.
4. Répète ces étapes plusieurs fois, en ajoutant progressivement le mot "Assis" avant que ton chiot ne s'assoie spontanément.
5. Pratique régulièrement l'exercice dans des environnements différents pour renforcer la commande.

La commande "Couché"

La commande "Couché" est une extension de la commande "Assis" et est également importante à enseigner à ton chiot Border Collie. Voici les étapes pour apprendre cette commande :

1. Demande à ton chiot de s'asseoir.
2. Tiens une friandise près de son museau et abaisse-la lentement vers le sol, en le guidant doucement vers la position couchée.
3. Lorsque ton chiot est couché, prononce clairement le mot "Couché" et donne-lui immédiatement la friandise en le félicitant.
4. Répète ces étapes plusieurs fois, en ajoutant progressivement le mot "Couché" avant de guider ton chiot dans la position couchée.
5. Pratique régulièrement l'exercice dans des environnements différents pour renforcer la commande.

La commande "Viens"

La commande "Viens" est cruciale pour la sécurité de ton chiot Border Collie, car elle lui apprend à revenir vers toi lorsque tu l'appelles. Voici les étapes pour enseigner cette commande :

1. Appelle ton chiot d'une voix joyeuse et encourageante en utilisant son nom suivi du mot "Viens".
2. Recule légèrement pour inciter ton chiot à se rapprocher de toi.
3. Lorsque ton chiot s'approche de toi, félicite-le abondamment et récompense-le avec une friandise ou une caresse.
4. Répète ces étapes régulièrement dans des environnements calmes et peu distrayants, puis augmente progressivement la difficulté en pratiquant dans des environnements plus stimulants.

La commande "Pas bouger"

La commande "Pas bouger" est essentielle pour enseigner à ton chiot Border Collie à rester immobile dans une position spécifique. Cela peut être particulièrement utile dans des situations où tu as besoin de contrôler son mouvement. Voici les étapes pour apprendre cette commande :

Demande à ton chiot de s'asseoir devant toi.
1. Prononce clairement le mot "Pas bouger" tout en faisant un geste de la main ou en montrant ta paume ouverte pour signifier qu'il doit rester immobile.

2. Recule légèrement, mais reste à proximité de ton chiot.
3. Si ton chiot reste immobile pendant quelques secondes, félicite-le abondamment et récompense-le avec une friandise.
4. Répète ces étapes, en augmentant progressivement la durée pendant laquelle tu demandes à ton chiot de rester immobile.
5. Une fois que ton chiot maîtrise cette commande, commence à te déplacer progressivement autour de lui tout en lui demandant de rester immobile.

La pratique régulière et la patience

La clé pour enseigner les commandes de base à ton chiot Border Collie est la pratique régulière et la patience. Répète les exercices quotidiennement dans de courtes sessions, en gardant les sessions d'entraînement amusantes et positives. Sois patient avec ton chiot, car il peut prendre un certain temps pour assimiler les commandes.

Conclusion

Les commandes de base, telles que "Assis", "Couché", "Viens" et "Pas bouger", sont essentielles pour l'éducation et la sécurité de ton chiot Border Collie. Utilise des méthodes d'entraînement positives, telles que la récompense et le renforcement positif, la clarté et la cohérence, la patience et la bienveillance, pour enseigner ces commandes à ton chiot.

5.3 L'utilisation des récompenses pour renforcer les comportements souhaités

L'utilisation de récompenses est un élément clé de l'entraînement positif pour ton chiot Border Collie. Les récompenses sont des incitations motivantes qui renforcent les comportements souhaités, favorisent l'apprentissage et renforcent la relation entre toi et ton chien. Dans ce chapitre, nous aborderons l'importance des récompenses et la manière de les utiliser efficacement pour renforcer les comportements souhaités chez ton chiot.

Les types de récompenses

Les récompenses peuvent prendre différentes formes et varier en fonction de ce que ton chiot trouve le plus motivant. Voici quelques types de récompenses couramment utilisés :

1. Friandises : Les friandises sont des récompenses alimentaires qui peuvent être particulièrement efficaces pour l'entraînement. Utilise des friandises appétissantes et faciles à manger pour récompenser ton chiot.
2. Éloges : Les éloges verbaux, tels que "Bon chien !" ou "Bravo !", sont des formes de récompenses qui permettent de renforcer positivement le comportement de ton chiot. Utilise une voix joyeuse et enthousiaste pour exprimer ton approbation.
3. Caresses : Les caresses et les câlins sont des formes de récompenses physiques qui renforcent le lien entre toi et ton chiot. Utilise des caresses douces et affectueuses pour montrer ton appréciation.

4. Jouets : Certains chiots sont motivés par les jouets. Utilise des jouets interactifs, tels que des balles ou des jouets à mâcher, comme récompenses pour les comportements souhaités.

Les principes de l'utilisation des récompenses

Pour utiliser les récompenses de manière efficace, il est important de respecter certains principes clés :

1. Timing : Donne la récompense immédiatement après que ton chiot a exécuté le comportement souhaité. Cela aide ton chiot à faire le lien entre le comportement et la récompense.
2. Clarté : Sois clair sur le comportement que tu souhaites récompenser. Utilise des commandes verbales ou des gestes pour indiquer à ton chiot ce que tu attends de lui.
3. Consistance : Sois constant dans l'utilisation des récompenses. Récompense ton chiot à chaque fois qu'il exécute le comportement souhaité au début de l'entraînement, puis réduis progressivement les récompenses à mesure que le comportement devient plus fiable.
4. Variété : Utilise une variété de récompenses pour maintenir la motivation de ton chiot. Alterne entre les friandises, les éloges, les caresses et les jouets pour éviter la lassitude.
5. Gradation : À mesure que ton chiot devient plus compétent, augmente la difficulté des comportements demandés avant de lui donner une récompense. Par exemple, demande un "assis" plus

long ou un "viens" à une plus grande distance avant de récompenser.

Les erreurs courantes à éviter

Lorsqu'il s'agit d'utiliser des récompenses, il est important d'éviter certaines erreurs fréquentes qui pourraient nuire à l'efficacité de l'entraînement. Voici quelques erreurs courantes à éviter :

- Récompenser les comportements indésirables : Veille à ne récompenser que les comportements souhaités. Si ton chiot présente un comportement indésirable, ignore-le plutôt que de le récompenser, afin de ne pas renforcer ce comportement.
- Utiliser des récompenses excessives : Les récompenses doivent être utilisées de manière judicieuse. Si tu utilises des récompenses trop fréquemment ou en trop grande quantité, ton chiot pourrait devenir dépendant des récompenses et ne pas exécuter les comportements sans une récompense constante.
- Oublier de diminuer progressivement les récompenses : Une fois que ton chiot a bien assimilé un comportement, commence à diminuer progressivement l'utilisation des récompenses. Passe d'une récompense à chaque fois à des récompenses occasionnelles pour maintenir le comportement sans dépendre uniquement des récompenses.
- Ne pas ajuster les récompenses en fonction de la valeur de motivation : Les récompenses doivent être adaptées à ce qui motive le plus ton chiot. Certains

chiots peuvent être plus motivés par les friandises, tandis que d'autres préfèrent les éloges ou les caresses. Sois attentif à ce qui fonctionne le mieux pour ton chiot et adapte les récompenses en conséquence.

Conclusion

L'utilisation des récompenses de manière appropriée est un élément clé de l'entraînement positif pour ton chiot Border Collie.

Les récompenses, qu'elles soient sous forme de friandises, d'éloges, de caresses ou de jouets, sont des outils puissants pour renforcer les comportements souhaités et favoriser l'apprentissage.

En respectant les principes de timing, de clarté, de consistance, de variété et de gradation, tu peux utiliser les récompenses de manière efficace pour éduquer et motiver ton chiot.

5.4 La gestion des comportements indésirables et l'évitement des punitions

Lors de l'éducation de ton chiot Border Collie, il est tout à fait normal de rencontrer des comportements indésirables. Il est important de savoir comment gérer ces comportements de manière positive et éviter les punitions, qui peuvent être néfastes pour la relation entre toi et ton chien. Dans ce chapitre, nous aborderons la gestion des comportements indésirables et l'importance d'éviter les punitions dans l'entraînement de ton chiot.

Comprendre les comportements indésirables

Avant de pouvoir gérer les comportements indésirables, il est important de les comprendre. Les comportements indésirables peuvent inclure des aboiements excessifs, des mordillements, des sauts sur les gens, des destructions, des creusements, etc. Ces comportements sont souvent des expressions naturelles des besoins et des instincts de ton chiot, et ils peuvent également être le résultat d'un manque d'éducation appropriée.

L'approche de redirection

L'approche de redirection est une stratégie efficace pour gérer les comportements indésirables chez ton chiot Border Collie. Plutôt que de punir ton chiot pour un comportement inapproprié, redirige son attention vers un comportement alternatif et souhaitable. Par exemple, si ton chiot mordille tes mains, donne-lui un jouet approprié pour qu'il puisse mâcher. Récompense-le lorsque tu observes le comportement souhaité.

La prévention des comportements indésirables

Une autre stratégie clé pour gérer les comportements indésirables est la prévention. Identifie les situations ou les déclencheurs qui conduisent aux comportements indésirables et évite-les autant que possible. Par exemple, si ton chiot détruit les objets lorsqu'il est laissé seul, utilise une caisse de confinement ou une pièce sécurisée pour limiter ses possibilités de destruction. Prévois également des activités appropriées pour répondre à ses besoins d'exercice, de stimulation mentale et d'interaction.

L'importance de la patience et de la persévérance

Gérer les comportements indésirables demande de la patience et de la persévérance. Les comportements indésirables peuvent prendre du temps à changer, et il est important de rester cohérent et de continuer à utiliser des méthodes positives d'entraînement. Sois patient avec ton chiot et rappelle-toi que l'éducation est un processus continu.

Éviter les punitions

Il est fortement recommandé d'éviter les punitions lors de l'entraînement de ton chiot Border Collie. Les punitions physiques ou verbales peuvent causer de la peur, de l'anxiété et de la méfiance chez ton chien, nuisant ainsi à la relation de confiance entre vous deux. Les punitions peuvent également aggraver les comportements indésirables, car ton chiot peut associer la punition à son comportement plutôt qu'à l'acte indésirable lui-même.

Les alternatives aux punitions

Au lieu d'utiliser des punitions, privilégie des approches positives pour corriger les comportements indésirables. Voici quelques alternatives efficaces :

- Utilise l'ignorance : Si ton chiot présente un comportement indésirable, ignore-le plutôt que de lui accorder de l'attention. Ton chiot cherche souvent ton attention, et l'ignorer pour les comportements indésirables envoie un message clair qu'ils ne sont pas acceptables.

- Utilise la redirection : Redirige l'attention de ton chiot vers un comportement alternatif et approprié. Par exemple, si ton chiot saute sur les gens, demande-lui de s'asseoir et récompense-le lorsqu'il exécute la commande.
- Utilise le renforcement positif : Renforce et récompense les comportements souhaités de ton chiot. Par exemple, récompense-le lorsqu'il est calme et silencieux au lieu de l'engueuler pour des aboiements excessifs.
- Utilise des exercices d'entraînement : Apprends à ton chiot des commandes d'obéissance de base, comme "assis" et "couché". Ces commandes peuvent être utilisées pour détourner son attention des comportements indésirables et les remplacer par des comportements plus appropriés.

Conclusion

La gestion des comportements indésirables est une partie normale de l'éducation de ton chiot Border Collie. Il est important de comprendre ces comportements, d'utiliser des approches de redirection, de prévention, de patience et de persévérance pour les gérer de manière positive. Évite les punitions, car elles peuvent nuire à la relation de confiance et aggraver les comportements indésirables.

5.5 L'éducation à la laisse et au rappel pour un chiot Border Collie

L'éducation à la laisse et au rappel est essentielle pour la sécurité et le contrôle de ton chiot Border Collie lors des promenades et des interactions extérieures. Dans ce chapitre, nous aborderons l'importance de l'éducation à la laisse et au rappel, ainsi que les étapes clés pour apprendre à ton chiot Border Collie à marcher en laisse et à revenir lorsque tu l'appelles.

L'éducation à la laisse

L'éducation à la laisse est un élément fondamental de l'entraînement de ton chiot Border Collie. Voici les étapes clés pour lui apprendre à marcher en laisse de manière contrôlée et agréable :

1. Prépare ton chiot : Avant de commencer l'éducation à la laisse, habitue ton chiot à porter un harnais ou un collier confortable. Commence par des séances courtes et positives à l'intérieur, pour lui permettre de s'habituer à la sensation de la laisse.
2. Utilise une laisse adaptée : Choisis une laisse adaptée à la taille et au tempérament de ton chiot Border Collie. Opte pour une laisse légère et résistante, d'une longueur appropriée pour permettre une certaine liberté de mouvement tout en maintenant le contrôle.
3. Introduis progressivement la laisse : Commence par attacher la laisse au harnais ou au collier de ton chiot à l'intérieur de la maison. Laisse-le explorer l'espace tout en maintenant une légère tension sur

la laisse. Récompense-le et félicite-le lorsqu'il se déplace confortablement avec la laisse.

4. Entraîne à la marche en laisse : Commence à marcher avec ton chiot dans un espace calme et peu distrayant. Utilise des friandises et des encouragements pour le motiver à marcher à tes côtés. Lorsqu'il tire sur la laisse, arrête-toi et attends qu'il revienne vers toi avant de reprendre la marche.

5. Récompense les bons comportements : Récompense ton chiot lorsqu'il marche à tes côtés sans tirer sur la laisse. Utilise des éloges, des caresses et des friandises pour renforcer positivement ce comportement.

6. Pratique régulièrement : Répète les séances d'éducation à la laisse régulièrement dans différents environnements, en augmentant progressivement la durée et la complexité des promenades. Cela permettra à ton chiot de renforcer ses compétences et d'être à l'aise dans diverses situations.

L'éducation au rappel

L'éducation au rappel est un aspect crucial pour la sécurité de ton chiot Border Collie lorsqu'il est en liberté à l'extérieur. Voici les étapes pour lui apprendre à revenir lorsque tu l'appelles :

1. Commence à l'intérieur : Débute l'éducation au rappel à l'intérieur de la maison ou dans un espace clos et sécurisé. Appelle ton chiot par son nom suivi du mot "Viens" d'une voix joyeuse et encourageante.

2. Utilise des récompenses : Lorsque ton chiot répond à ton rappel et revient vers toi, récompense-le abondamment avec des éloges, des caresses et des friandises. Fais de cet exercice une expérience positive et gratifiante pour lui.

3. Augmente progressivement la distance : Une fois que ton chiot comprend l'exercice à l'intérieur, commence à l'entraîner à l'extérieur dans un espace clos et peu distrayant. Commence par de courtes distances et augmente progressivement la distance à mesure que ton chiot devient plus confiant et obéissant.

4. Utilise une longe de rappel : Lorsque tu passes à des environnements plus ouverts, utilise une longe de rappel attachée au harnais de ton chiot pour lui donner une certaine liberté tout en conservant le contrôle. Cela te permettra de le rappeler s'il s'éloigne trop loin ou s'il est distrait.

5. Évite les situations distrayantes : Au début de l'éducation au rappel, évite les environnements trop stimulants, tels que les parcs bondés ou les endroits où il y a beaucoup de chiens. Choisis des endroits calmes et sécurisés pour que ton chiot puisse se concentrer sur toi.

6. Sois constant et cohérent : Utilise toujours le même mot de rappel et veille à être cohérent dans tes attentes. Évite de rappeler ton chiot pour des raisons négatives, comme la fin d'une promenade ou une punition, afin de préserver la positivité de cet exercice.

7. Pratique régulièrement : Répète régulièrement les séances d'éducation au rappel dans différents environnements, en augmentant progressivement

les distractions. Assure-toi de récompenser ton chiot à chaque succès et de lui offrir des moments de jeu et de plaisir après le rappel réussi.

Conclusion

L'éducation à la laisse et au rappel sont des compétences essentielles pour ton chiot Border Collie. En utilisant des méthodes d'entraînement positives, telles que des récompenses, de la patience et de la pratique régulière, tu peux enseigner à ton chiot à marcher en laisse de manière contrôlée et à revenir lorsque tu l'appelles.

Chapitre 6 Comprendre l'instinct de chasse du Border Collie

6.1 L'instinct de chasse chez le Border Collie

Le Border Collie est une race de chien énergique et agile qui possède un fort instinct de chasse. Comprendre cet instinct est essentiel pour éduquer et gérer ton Border Collie de manière appropriée. Dans ce chapitre, nous explorerons l'instinct de chasse du Border Collie, son importance et la manière de gérer ce comportement naturel.

<ins>L'origine de l'instinct de chasse</ins>

L'instinct de chasse chez le Border Collie découle de son héritage en tant que chien de berger travaillant avec des troupeaux de moutons. Les chiens de berger, y compris le Border Collie, ont été élevés pour rassembler, contrôler et protéger le bétail. Cet instinct de chasse est profondément ancré dans leur patrimoine génétique.

<ins>Les comportements associés à l'instinct de chasse</ins>

L'instinct de chasse du Border Collie se manifeste par certains comportements naturels. Voici quelques-uns des comportements associés à cet instinct :

- Fixation du regard : Le Border Collie peut fixer intensément son regard sur un objet en mouvement, qu'il s'agisse d'une balle, d'un oiseau ou d'un autre animal. Cela démontre sa concentration et sa préparation à agir.

- Poursuite : Le Border Collie est enclin à poursuivre les objets en mouvement. Que ce soit une balle lancée ou un animal qui court, son instinct de chasse le pousse à suivre et à tenter de capturer sa proie.
- Prédateur prédateur : Le Border Collie peut adopter des postures et des mouvements similaires à ceux d'un prédateur en chasse. Il peut s'accroupir, se faufiler et adopter une approche furtive avant de se lancer pour capturer.

Gérer l'instinct de chasse

Il est important de gérer l'instinct de chasse du Border Collie de manière appropriée pour assurer sa sécurité et celle des autres. Voici quelques conseils pour gérer cet instinct :

- Stimulation mentale et exercice physique : Le Border Collie a besoin d'une stimulation mentale et d'un exercice physique adéquats pour canaliser son instinct de chasse. Offre-lui des jeux de récupération, des activités de recherche et des exercices d'obéissance pour lui permettre de dépenser son énergie de manière positive.
- Entraînement à l'obéissance : Un entraînement à l'obéissance solide est essentiel pour contrôler le comportement de chasse du Border Collie. Apprends-lui des commandes de rappel solides et de contrôle, et pratique-les régulièrement dans des environnements sécurisés.
- Utilisation de jouets interactifs : Utilise des jouets interactifs et des jeux de récupération pour

satisfaire le besoin de chasse de ton Border Collie. Cela lui permettra de s'engager dans des comportements de recherche et de poursuite de manière appropriée.

- Supervision lors des sorties extérieures, Lors des sorties extérieures, il est important de superviser attentivement ton Border Collie pour prévenir les comportements de chasse indésirables. Utilise une laisse pour le garder sous contrôle et évite les zones où la présence d'animaux sauvages est élevée. Assure-toi également de respecter les règlements locaux en matière de contrôle des animaux et de tenir ton chien en laisse lorsque cela est requis.

- Socialisation précoce : Une socialisation précoce et adéquate est essentielle pour gérer l'instinct de chasse du Border Collie. Expose ton chiot à différentes situations, environnements et personnes dès son plus jeune âge. Cela l'aidera à développer une meilleure compréhension de son environnement et à se concentrer sur toi plutôt que sur ses instincts de chasse.

- Travail sur les commandes de contrôle : Entraîne ton Border Collie à obéir à des commandes spécifiques lorsqu'il est en présence d'objets ou d'animaux qui pourraient déclencher son instinct de chasse. Les commandes telles que "laisse-le" ou "viens" peuvent être utilisées pour détourner son attention et l'empêcher de se lancer dans une poursuite.

- Utilisation de signaux d'arrêt : Enseigne à ton Border Collie des signaux d'arrêt clairs qui lui indiquent qu'il doit cesser immédiatement de poursuivre une proie. Les signaux peuvent être des mots comme "stop" ou des gestes spécifiques. Pratique ces signaux régulièrement lors des séances d'entraînement et récompense ton chien lorsque tu observes une réponse rapide et obéissante.

- Éviter les situations à risque : Prévois des environnements sécurisés pour les activités de jeu et d'exercice de ton Border Collie. Évite les zones où des animaux sauvages sont fréquemment présents et assure-toi de le garder sous contrôle lorsqu'il est en présence d'autres animaux.

Conclusion

Comprendre et gérer l'instinct de chasse du Border Collie est essentiel pour une éducation réussie et une cohabitation harmonieuse. En fournissant une stimulation mentale adéquate, un exercice physique suffisant, un entraînement à l'obéissance et une supervision attentive, tu peux canaliser l'instinct de chasse de ton Border Collie de manière positive et sécurisée.

6.2 Les activités de stimulation mentale pour canaliser l'instinct de chasse

L'instinct de chasse est profondément ancré dans la nature du Border Collie. Pour répondre à ce besoin naturel, il est essentiel de fournir à ton chien des activités de stimulation mentale qui permettent de canaliser cet instinct de manière positive. Dans ce chapitre, nous explorerons l'importance des activités de stimulation mentale et proposerons des idées pour les mettre en pratique.

L'importance des activités de stimulation mentale

Le Border Collie est un chien intelligent et agile qui a besoin d'être mentalement stimulé. Les activités de stimulation mentale aident à satisfaire son instinct de chasse en lui offrant des défis cognitifs et des opportunités de résolution de problèmes. Ces activités contribuent également à maintenir son esprit alerte, à prévenir l'ennui et à favoriser un comportement équilibré.

Jeux de recherche et de récupération

Les jeux de recherche et de récupération sont d'excellentes activités de stimulation mentale pour canaliser l'instinct de chasse du Border Collie. Voici quelques idées pour mettre en pratique ces jeux :

- Cache des friandises : Cache des friandises ou des jouets préférés de ton chien dans différentes pièces de la maison ou dans le jardin. Encourage ton chien à les chercher en utilisant des mots clés tels que "cherche" ou "trouve". Cela permettra à ton chien de faire travailler son odorat et de satisfaire son instinct de recherche.
- Joue à la balle de recherche : Utilise une balle ou un jouet qui peut être rempli de friandises. Montre à ton chien comment faire sortir les friandises en les poussant ou en les secouant. Encourage ton chien à chercher et à récupérer les friandises en utilisant son flair et sa détermination.
- Entraîne à la recherche d'objets spécifiques : Entraîne ton Border Collie à retrouver des objets spécifiques que tu lui montres. Utilise des mots clés pour chaque objet, tels que "ramène la balle" ou

"trouve la corde". Cela stimulera son sens de l'odorat et son intelligence tout en répondant à son instinct de chasse.

Jeux d'énigmes et de résolution de problèmes

Les jeux d'énigmes et de résolution de problèmes offrent également une excellente stimulation mentale pour les Border Collies. Voici quelques idées à essayer :

- Les jouets distributeurs de friandises : Utilise des jouets spécialement conçus qui nécessitent une manipulation pour libérer les friandises. Cela encourage ton chien à réfléchir et à trouver des solutions pour obtenir sa récompense.
- Les puzzles interactifs pour chiens : Achète des puzzles interactifs conçus spécifiquement pour les chiens. Ces jeux demandent à ton chien de faire des mouvements spécifiques pour atteindre les récompenses cachées. Cela lui permet de développer ses capacités de résolution de problèmes et de travailler son instinct de chasse de manière ludique.
- Les jeux d'obéissance avancée : Entraîne ton Border Collie à effectuer des exercices d'obéissance avancée, tels que l'apprentissage de nouvelles commandes ou de séquences plus complexes. Cela stimule son cerveau et renforce votre lien en travaillant ensemble pour résoudre les défis proposés.
- Les jeux de recherche olfactive : Utilise des tapis de fouille ou crée des parcours olfactifs en cachant des odeurs spécifiques que ton chien doit retrouver.

Cela développe son odorat et sa capacité à suivre des pistes, ce qui est intrinsèquement lié à son instinct de chasse.

<u>L'importance de la variété et de la rotation des activités</u>

Pour maintenir l'intérêt de ton Border Collie, il est crucial de proposer une variété d'activités de stimulation mentale et de les changer régulièrement. La variété permet de stimuler différents aspects de son cerveau et d'éviter l'ennui. Alterne entre les jeux de recherche, les puzzles, les exercices d'obéissance et d'autres activités pour maintenir l'engagement et l'excitation de ton chien.

<u>Conclusion</u>
Les activités de stimulation mentale sont essentielles pour canaliser l'instinct de chasse du Border Collie de manière positive et enrichissante. En offrant à ton chien des jeux de recherche, des énigmes, des exercices d'obéissance avancée et d'autres activités mentalement stimulantes, tu répondras à ses besoins naturels, préviendras l'ennui et favoriseras un comportement équilibré.

6.3 Les jeux interactifs pour satisfaire l'instinct de chasse du Border Collie

Le Border Collie est un chien doté d'un puissant instinct de chasse qui peut être satisfait grâce à des jeux interactifs stimulants. Ces jeux offrent à ton chien la possibilité de canaliser son énergie et son instinct naturel dans des activités amusantes et gratifiantes. Dans ce chapitre, nous explorerons l'importance des jeux interactifs pour satisfaire l'instinct de chasse du Border Collie et présenterons quelques idées de jeux à essayer.

L'importance des jeux interactifs

Les jeux interactifs permettent aux Border Collies de se divertir et de satisfaire leur instinct de chasse de manière sûre et contrôlée. Ces jeux offrent une stimulation mentale, physique et émotionnelle, ce qui est essentiel pour le bien-être général de ton chien. Les avantages des jeux interactifs incluent :

- Satisfaire l'instinct de chasse : Les jeux interactifs donnent à ton Border Collie la possibilité de poursuivre, de chercher et de capturer des objets, ce qui répond à son instinct naturel de chasse.
- Prévenir l'ennui et l'hyperactivité : En fournissant des jeux interactifs régulièrement, tu offres à ton chien une activité mentalement et physiquement stimulante, ce qui réduit le risque d'ennui et d'hyperactivité.
- Renforcer le lien entre toi et ton chien : Jouer à des jeux interactifs avec ton Border Collie renforce votre relation, renforce la confiance mutuelle et améliore la communication entre vous.

Idées de jeux interactifs

Voici quelques idées de jeux interactifs qui peuvent satisfaire l'instinct de chasse de ton Border Collie :

- Jeux de lancer et de récupération : Utilise des balles, des frisbees ou d'autres jouets adaptés au lancer et à la récupération. Lance le jouet et encourage ton chien à le poursuivre, à le récupérer et à te le rapporter. Récompense ton chien avec des éloges et des caresses chaque fois qu'il réussit à ramener le jouet.
- Jeux de tir à la corde : Les jeux de tir à la corde permettent à ton chien de satisfaire son instinct naturel de traction. Utilise une corde solide et résistante, et engage-toi dans un jeu de traction amusant avec ton Border Collie. Veille à respecter les limites et à jouer de manière sécurisée.
- Jeux de recherche et de cache : Cache des jouets ou des friandises dans différentes pièces de la maison ou dans le jardin, et encourage ton chien à les chercher. Tu peux commencer par des caches plus faciles et augmenter progressivement la difficulté pour maintenir l'intérêt et stimuler l'instinct de recherche de ton Border Collie.
- Jeux d'obéissance et de récompenses : Utilise les jeux d'obéissance pour stimuler mentalement ton chien et renforcer votre lien. Apprends-lui de nouvelles commandes et récompense-le avec des friandises ou des éloges lorsqu'il les exécute correctement. Ces jeux d'obéissance peuvent inclure des exercices tels que "assieds", "couché", "reste" et bien d'autres. Non seulement cela offre une stimulation mentale, mais cela renforce également l'obéissance et le contrôle de ton chien.
- Jeux de puzzle et de jouets interactifs : Les jeux de puzzle et les jouets interactifs sont parfaits pour stimuler mentalement ton Border Collie. Il existe

une variété de jouets sur le marché qui nécessitent que ton chien résolve des énigmes pour obtenir une récompense, telle qu'une friandise cachée à l'intérieur du jouet. Ces jeux favorisent la résolution de problèmes et gardent ton chien concentré et engagé.

- Agility et parcours d'obstacles : L'agility est une activité physique et mentale stimulante pour les Border Collies. Crée un parcours d'obstacles dans ton jardin ou rejoins un club d'agility local. Cela permettra à ton chien de mettre en pratique ses compétences athlétiques et son instinct de chasse en suivant les différentes étapes du parcours.

Sécurité et supervision

Lorsque tu joues à des jeux interactifs avec ton Border Collie, il est important de garder à l'esprit la sécurité et de fournir une supervision appropriée. Voici quelques conseils :

- Assure-toi que l'environnement de jeu est sûr, sans dangers potentiels tels que des objets pointus ou des zones inaccessibles.
- Utilise des jouets solides et durables qui sont adaptés à la taille de ton chien. Évite les jouets susceptibles de se casser ou de présenter un risque d'étouffement.
- Surveille l'intensité du jeu pour éviter les blessures. Si ton chien devient trop excité ou agressif, interromps le jeu et redirige son attention vers une activité plus calme.

- Récompense et félicite ton chien tout au long du jeu pour renforcer les comportements appropriés et positifs.

Conclusion

Les jeux interactifs offrent une excellente façon de satisfaire l'instinct de chasse du Border Collie de manière contrôlée et sécurisée. En proposant des jeux de lancer et de récupération, des jeux de recherche et de cache, des jeux d'obéissance et des jouets interactifs, tu offres à ton chien une stimulation mentale et physique enrichissante.

6.4 La prévention des comportements de prédation indésirables

Le Border Collie possède un instinct de chasse fort en raison de ses origines en tant que chien de berger. Bien que cet instinct soit naturel et faisant partie de sa nature, il est important de prévenir les comportements de prédation indésirables pour assurer la sécurité de ton chien, des autres animaux et des personnes autour de lui. Dans ce chapitre, nous explorerons l'importance de prévenir ces comportements et fournirons des conseils pour le faire efficacement.

Comprendre les comportements de prédation indésirables

Les comportements de prédation indésirables chez le Border Collie peuvent inclure la poursuite, la capture et la mise à mort d'animaux ou d'objets. Cela peut être déclenché par des stimuli tels que les mouvements rapides, les bruits forts ou les odeurs intrigantes. Il est essentiel de comprendre que ces comportements ne sont pas le résultat d'une mauvaise volonté de la part du chien, mais plutôt d'un instinct profondément ancré.

La socialisation précoce et continue

Une socialisation précoce et continue est cruciale pour prévenir les comportements de prédation indésirables. Expose ton chiot Border Collie à une variété de personnes, d'animaux et de situations dès son plus jeune âge. Cela l'aidera à développer des compétences sociales appropriées et à se familiariser avec différents environnements. Une socialisation adéquate permettra également à ton chiot de mieux gérer son instinct de chasse et de se concentrer sur toi plutôt que sur les stimuli externes.

L'entraînement à l'obéissance

Un entraînement à l'obéissance solide est essentiel pour prévenir les comportements de prédation indésirables. Apprends à ton Border Collie des commandes de base telles que "assis", "couché", "reste" et "laisse-le". Ces commandes te permettront d'exercer un contrôle sur ton chien dans des situations potentiellement dangereuses ou lorsque son instinct de chasse est déclenché. Pratique régulièrement les exercices d'obéissance pour renforcer les comportements souhaités.

La gestion de l'environnement

La gestion de l'environnement est une mesure préventive importante pour prévenir les comportements de prédation indésirables. Voici quelques conseils à prendre en compte :

- Évite les zones où des animaux sauvages sont présents en grand nombre, comme les parcs à gibier ou les zones de faune protégée. Ces endroits peuvent déclencher l'instinct de chasse de ton Border Collie et le mettre en danger.
- Utilise une laisse lorsque tu te promènes avec ton chien, en particulier dans les zones où les stimuli de chasse sont plus fréquents. Cela te permettra de garder un contrôle sur ton chien et d'éviter les poursuites indésirables.
- Évite les jeux de lancer et de récupération avec des objets qui ressemblent à des proies potentielles, comme les jouets en forme d'animaux en peluche ou de petites balles qui pourraient être confondues avec des proies réelles. Opte plutôt pour des jouets spécifiquement conçus pour les jeux de lancer et de récupération.
- Prévois des activités de stimulation mentale et physique régulières pour ton Border Collie. Une bonne dose d'exercice et de jeux interactifs aidera à canaliser son énergie et à réduire le risque de comportements de prédation indésirables.

La récompense des comportements appropriés

La récompense des comportements appropriés est une méthode efficace pour prévenir les comportements de prédation indésirables. Lorsque ton chien se comporte de manière calme et contrôlée dans des situations potentiellement stimulantes, récompense-le avec des éloges, des caresses et des friandises. Cela renforcera les comportements positifs et aidera ton chien à associer ces situations à des expériences agréables plutôt qu'à des opportunités de chasse.

Faire appel à un professionnel

Si malgré tes efforts, ton Border Collie présente des comportements de prédation indésirables persistants, il peut être judicieux de faire appel à un professionnel du comportement canin. Un expert pourra évaluer la situation, t'offrir des conseils personnalisés et mettre en place des stratégies d'entraînement spécifiques pour résoudre ces problèmes de comportement.

Conclusion

Prévenir les comportements de prédation indésirables chez le Border Collie demande une combinaison d'efforts, notamment la socialisation précoce, l'entraînement à l'obéissance, la gestion de l'environnement et la récompense des comportements appropriés. En comprenant les instincts naturels de ton chien et en mettant en place des mesures préventives adéquates, tu pourras assurer la sécurité de ton chien et de ton entourage tout en permettant à ton Border Collie de s'épanouir pleinement.

6.5 L'entraînement spécifique pour les activités de troupeau (si applicable)

Si tu as la chance de posséder un Border Collie destiné à travailler avec le bétail, l'entraînement spécifique pour les activités de troupeau est essentiel pour canaliser son instinct de chasse et développer ses compétences de berger. Dans ce chapitre, nous explorerons l'importance de cet entraînement et fournirons des conseils pour le mettre en pratique.

Comprendre l'instinct de troupeau

Le Border Collie est un chien de berger réputé pour son instinct inné de rassembler et de diriger le bétail. Cet instinct de troupeau est profondément ancré en lui et nécessite une formation spécifique pour être canalisé de manière appropriée. Il est important de comprendre que tous les Border· Collies n'ont pas nécessairement l'opportunité de travailler avec le bétail, mais si c'est le cas, cet entraînement est essentiel.

Faire appel à un professionnel de l'élevage

Si tu envisages d'entraîner ton Border Collie pour les activités de troupeau, il est fortement recommandé de faire appel à un professionnel de l'élevage expérimenté. Ces experts comprennent l'instinct de troupeau du Border Collie et peuvent t'aider à développer les compétences nécessaires pour travailler efficacement avec le bétail.

Les commandes de troupeau de base

L'entraînement pour les activités de troupeau commence par l'apprentissage des commandes de base. Voici quelques-unes des commandes les plus couramment utilisées :

- "Approche" : Cette commande indique à ton chien de s'approcher du bétail de manière calme et contrôlée.
- "Contourne" : Cette commande demande à ton chien de contourner le bétail pour les rassembler ou les diriger dans une direction spécifique.
- "Arrêt" : Cette commande est cruciale pour contrôler ton chien lorsqu'il est en mouvement. Elle lui indique de s'arrêter et d'attendre tes instructions supplémentaires.
- "Recule" : Cette commande permet à ton chien de reculer pour ajuster sa position ou pour donner de l'espace au bétail.

L'apprentissage progressif

L'entraînement pour les activités de troupeau doit être progressif et adapté aux compétences et au tempérament de ton chien. Commence par des exercices simples et construis progressivement sur ces fondations. Travaille en étroite collaboration avec un professionnel de l'élevage pour déterminer le rythme et le niveau d'entraînement appropriés pour ton Border Collie.

La pratique régulière

Comme pour tout type d'entraînement, la pratique régulière est essentielle pour renforcer les compétences de ton Border Collie en matière de travail au troupeau. Organise des sessions d'entraînement régulières avec ton chien et travaille sur différents exercices pour développer sa compréhension et ses compétences. Assure-toi de fournir des séances d'entraînement variées et stimulantes pour maintenir l'intérêt de ton chien.

La patience et la cohérence

L'entraînement pour les activités de troupeau peut être un processus exigeant qui nécessite patience et cohérence. Il est important de rester calme et patient avec ton chien tout au long de l'entraînement, en fournissant des directives claires et en récompensant les comportements appropriés. Sois cohérent dans tes attentes et tes récompenses pour que ton chien comprenne ce qui est attendu de lui.

L'évaluation et l'adaptation

Il est essentiel d'évaluer régulièrement les progrès de ton Border Collie dans son entraînement aux activités de troupeau. Si nécessaire, adapte les exercices et les techniques pour répondre aux besoins spécifiques de ton chien. Fais preuve de flexibilité et ajuste ton approche en fonction des réactions et des capacités de ton chien.

La sécurité des animaux et des personnes

Lorsque tu travailles avec ton Border Collie sur des activités de troupeau, assure-toi de prendre toutes les mesures nécessaires pour assurer la sécurité des animaux et des personnes impliqués. Suivre les directives et les protocoles de sécurité appropriés est primordial pour éviter tout accident ou préjudice.

Conclusion

L'entraînement spécifique pour les activités de troupeau est une occasion unique de permettre à ton Border Collie de mettre à profit son instinct de troupeau naturel. Si tu envisages de travailler avec ton chien sur le bétail, faire appel à un professionnel de l'élevage expérimenté est fortement recommandé. Ensemble, tu pourras développer les compétences de ton Border Collie et forger une relation solide et harmonieuse dans cette activité spécifique.

Chapitre 7 Préparer ton domicile pour accueillir ton chiot

7.1 Check-liste des fournitures essentielles pour ton chiot Border Collie

Avant l'arrivée de ton chiot Border Collie, il est important de préparer ton domicile en fournissant les articles essentiels dont il aura besoin. Cette check-liste des fournitures t'aidera à t'assurer que tu as tout ce qu'il faut pour accueillir ton nouvel ami à quatre pattes. Assure-toi de consulter cette liste et de prévoir ces articles avant l'arrivée de ton chiot.

Nourriture et eau

- Gamelle pour la nourriture : Assure-toi d'avoir une gamelle solide et de taille appropriée pour nourrir ton chiot. Choisis une gamelle en acier inoxydable ou en céramique, facile à nettoyer.
- Gamelle pour l'eau : Prévois une gamelle distincte pour l'eau afin que ton chiot puisse rester hydraté en tout temps. Opte également pour une gamelle facile à nettoyer et stable.
- Nourriture : Renseigne-toi auprès de l'éleveur ou du vétérinaire sur la meilleure nourriture pour ton chiot Border Collie. Prévois une réserve suffisante pour les premières semaines.

Confort et repos

- Panier ou lit pour chien : Offre à ton chiot un endroit confortable pour se reposer et dormir. Choisis un panier ou un lit adapté à sa taille et facilement lavable.
- Couverture ou tapis : Prévois une couverture ou un tapis pour créer un espace douillet où ton chiot pourra se reposer et se sentir en sécurité.

Hygiène et toilettage

- Shampooing pour chien : Sélectionne un shampooing doux et spécialement formulé pour les chiots. Assure-toi d'avoir un shampooing adapté à la peau sensible de ton Border Collie.
- Brosse ou peigne : Prévois une brosse ou un peigne adapté au pelage du Border Collie pour entretenir son pelage régulièrement.
- Coupe-ongles : Investis dans un coupe-ongles spécialement conçu pour les chiens afin de maintenir les ongles de ton chiot Border Collie à une longueur appropriée.
- Brosses à dents et dentifrice pour chien : Le maintien d'une bonne hygiène bucco-dentaire est essentiel. Utilise une brosse à dents et un dentifrice spécialement conçus pour les chiens.

Promenade et exercice

- Laisse : Prévois une laisse solide et de bonne qualité pour promener ton chiot en toute sécurité. Choisis une laisse adaptée à la taille de ton chiot Border Collie.

- Harnais ou collier : Opte pour un harnais ou un collier confortable et ajustable qui n'entrave pas la respiration de ton chiot lors des promenades.
- Jouets interactifs : Prévois une sélection de jouets adaptés à la mastication et à l'exploration pour garder ton chiot occupé et stimulé.

Sécurité et éducation

- Cage de transport : Une cage de transport sécurisée est essentielle pour le transport de ton chiot et pour l'aider à se sentir en sécurité lors des déplacements.
- Barrières de sécurité : Si nécessaire, installe des barrières de sécurité pour restreindre l'accès à certaines zones de ton domicile, comme les escaliers ou les zones dangereuses.
- Jouet à mâcher : Prévois des jouets à mâcher appropriés pour aider à soulager les douleurs dentaires de ton chiot et à prévenir la destruction d'objets indésirables.
- Livres et ressources éducatives : Investis dans des livres ou des ressources éducatives sur l'éducation et les soins des Border Collies. Cela te permettra d'approfondir tes connaissances et de mieux comprendre les besoins spécifiques de cette race.
- Carnet de santé et documents : Assure-toi de disposer d'un carnet de santé pour enregistrer les vaccinations, les traitements antiparasitaires et autres informations médicales importantes. Garde également une copie des documents d'enregistrement de ton chiot si applicable.

Conclusion

La préparation de ton domicile avec les fournitures essentielles est une étape importante avant l'arrivée de ton chiot Border Collie. En suivant cette check-liste, tu peux t'assurer d'avoir tout ce dont ton chiot aura besoin pour son confort, son hygiène, son éducation et sa sécurité.

7.2 Check-liste des vaccinations et des soins vétérinaires recommandés

La santé et le bien-être de ton chiot Border Collie sont d'une importance primordiale. Une partie essentielle des soins de santé consiste à s'assurer que ton chiot reçoit les vaccinations appropriées et les soins vétérinaires recommandés. Cette check-liste te guidera à travers les vaccinations et les soins essentiels pour ton chiot.

Vaccinations de base

- Vaccin contre la maladie de Carré : Le vaccin contre la maladie de Carré est essentiel pour protéger ton chiot contre cette maladie virale potentiellement mortelle.
- Vaccin contre l'hépatite canine : Le vaccin contre l'hépatite canine protège contre une infection virale qui affecte le foie et d'autres organes internes.
- Vaccin contre la parvovirose : La parvovirose est une maladie virale grave qui affecte le système digestif des chiens. Le vaccin est nécessaire pour prévenir cette maladie potentiellement mortelle.

- Vaccin contre la leptospirose : La leptospirose est une maladie bactérienne transmise par l'eau contaminée. Le vaccin protège contre les souches les plus courantes de la leptospirose.
- Vaccin contre la rage : Le vaccin contre la rage est souvent obligatoire et protège contre cette maladie virale mortelle transmise par les animaux infectés.

Soins vétérinaires recommandés

- Examens de santé réguliers : Planifie des examens de santé réguliers chez ton vétérinaire pour évaluer la croissance, le développement et la santé globale de ton chiot Border Collie.
- Traitements antiparasitaires : Consulte ton vétérinaire pour obtenir des conseils sur les traitements antipuces, les vermifuges et les produits de prévention des tiques adaptés à ton chiot.
- Stérilisation/castration : Discute avec ton vétérinaire de la stérilisation/castration de ton chiot pour contrôler la population canine et prévenir certains problèmes de santé.
- Soins dentaires : Prends soin de l'hygiène bucco-dentaire de ton chiot en lui brossant régulièrement les dents et en envisageant des nettoyages dentaires professionnels si nécessaire.

Suivi des rappels de vaccins

Il est important de suivre les rappels de vaccins recommandés par ton vétérinaire pour maintenir l'immunité de ton chiot Border Collie. Assure-toi de noter les dates des vaccins administrés et des rappels nécessaires afin de ne pas manquer de doses importantes.

Dossier médical et informations de contact

Garde un dossier médical complet pour ton chiot Border Collie, y compris les dates des vaccins, les traitements antiparasitaires et les examens de santé. Assure-toi également d'avoir les coordonnées complètes de ton vétérinaire et des services d'urgence vétérinaire à portée de main.

Conclusion

La check-list des vaccinations et des soins vétérinaires recommandés est un outil précieux pour s'assurer que ton chiot Border Collie reçoit les soins nécessaires pour rester en bonne santé. En suivant cette liste et en travaillant en étroite collaboration avec ton vétérinaire, tu peux garantir que ton chiot est protégé contre les maladies courantes et bénéficie d'une attention médicale appropriée.

N'oublie pas que chaque chiot est unique, et il est important de consulter ton vétérinaire pour obtenir des recommandations spécifiques basées sur l'âge, le mode de vie et les besoins individuels de ton chiot Border Collie.

7.3 Check-liste des étapes d'entraînement

L'entraînement est un aspect essentiel de l'éducation de ton chiot Border Collie. Il permet de lui apprendre les comportements appropriés, de renforcer votre lien et de favoriser une relation harmonieuse. Cette check-liste des étapes d'entraînement t'aidera à suivre un processus structuré pour enseigner à ton chiot les compétences de base et les comportements souhaités.

Établir des objectifs d'entraînement

Avant de commencer l'entraînement, détermine les objectifs spécifiques que tu souhaites atteindre avec ton chiot. Il peut s'agir d'apprendre les commandes de base, d'enseigner la propreté, de développer des compétences sociales, etc. Établir des objectifs clairs te permettra de te concentrer sur les compétences nécessaires à l'entraînement.

Identifier les récompenses motivantes

Trouve les récompenses qui motivent ton chiot Border Collie pendant l'entraînement. Cela peut inclure des friandises, des éloges verbaux, des caresses ou des jeux. Chaque chiot est différent, donc expérimente pour découvrir ce qui fonctionne le mieux pour le tien.

Enseigner les commandes de base

Apprends à ton chiot les commandes de base, telles que "assis", "couché", "viens" et "pas bouger". Utilise des méthodes d'entraînement positives et récompense ton chiot chaque fois qu'il exécute correctement une commande. Sois patient et persévérant, car l'apprentissage des commandes peut prendre du temps.

Pratiquer la socialisation

La socialisation est une étape cruciale pour ton chiot Border Collie. Expose-le à différentes personnes, animaux, environnements et situations dès son plus jeune âge. Cela l'aidera à développer des compétences sociales, à être à l'aise dans diverses situations et à prévenir les problèmes comportementaux à l'avenir.

Gérer les comportements indésirables

Identifie les comportements indésirables de ton chiot et utilise des techniques de redirection pour lui apprendre à adopter des comportements appropriés. Évite les punitions physiques ou verbales, et privilégie plutôt la récompense des bons comportements. Sois cohérent et patient dans ton approche.

Renforcer les compétences avancées

Une fois que ton chiot maîtrise les commandes de base, tu peux passer à des compétences avancées. Cela peut inclure des exercices d'obéissance plus complexes, des tours amusants ou des compétences spécifiques à la race du Border Collie, comme le travail au troupeau.

Pratiquer la formation en laisse

Apprends à ton chiot à marcher en laisse de manière contrôlée. Utilise un harnais ou un collier adapté et introduis progressivement la laisse dans l'entraînement. Commence par de courtes séances de marche en laisse à l'intérieur, puis étends progressivement les promenades à l'extérieur. Récompense ton chiot pour sa bonne conduite en laisse et utilise des techniques de redirection pour corriger les comportements indésirables.

Maintenir la constance et la cohérence

L'entraînement de ton chiot Border Collie nécessite constance et cohérence. Utilise les mêmes commandes et techniques d'entraînement à chaque séance. Sois cohérent dans tes attentes et dans la manière dont tu récompenses les bons comportements. Évite de renforcer les comportements indésirables en étant inconsistant dans ton approche.

Garder des sessions d'entraînement courtes et amusantes

Les sessions d'entraînement doivent être courtes, d'environ 10 à 15 minutes, pour éviter que ton chiot ne se fatigue ou ne perde son attention. Garde les séances d'entraînement amusantes et interactives en utilisant des jeux et des récompenses pour maintenir l'intérêt de ton chiot.

Faire preuve de patience et de positivité

L'entraînement de ton chiot Border Collie peut prendre du temps et de la patience. Reste calme et positif, même en cas de difficultés. Encourage ton chiot et récompense ses progrès. N'utilise jamais la violence ou les punitions pour corriger les comportements indésirables, car cela peut nuire à la relation de confiance avec ton chiot.

L'entraînement de ton chiot Border Collie est une étape importante pour son éducation et son développement. En suivant cette check-liste des étapes d'entraînement, tu pourras structurer tes séances d'entraînement et enseigner à ton chiot les compétences nécessaires pour une vie heureuse et équilibrée.

Conclusion

Félicitations ! Tu as parcouru un long chemin dans la lecture de ce livre sur l'éducation de ton chiot Border Collie. J'espère sincèrement que les informations, les conseils et les astuces que tu as trouvés tout au long de ces pages t'ont été utiles et t'ont inspiré.

N'oublie jamais que l'éducation d'un chiot est un voyage passionnant et enrichissant. Chaque jour est une occasion de renforcer votre relation, de découvrir de nouvelles choses ensemble et de grandir en tant que binôme chien-homme. Avec patience, positivité et persévérance, tu peux créer une relation étroite et une amitié profonde avec ton Border Collie.

Rappelle-toi que l'éducation d'un chiot ne se limite pas aux commandes de base. C'est un processus continu qui implique également la socialisation, la stimulation mentale, l'exercice régulier et les soins attentifs. Prends le temps d'explorer les différents aspects de l'éducation de ton chiot et adapte tes méthodes en fonction de ses besoins spécifiques.

N'oublie pas non plus que chaque chiot est unique, tout comme toi. Sois ouvert à l'adaptation et à l'apprentissage constant. Sois attentif à ton chiot, écoute ses besoins et respecte sa personnalité. Ensemble, vous pouvez créer une relation basée sur la confiance, la compréhension et l'amour inconditionnel.

Je tiens à te remercier d'avoir choisi ce livre et d'avoir partagé cette aventure avec moi. J'espère que tu continueras à approfondir tes connaissances sur les Border Collies, à te connecter avec d'autres propriétaires et à profiter de chaque moment précieux avec ton compagnon à quatre pattes.

Souviens-toi, l'éducation d'un Border Collie peut être un défi, mais c'est aussi une source infinie de joie, de bonheur et de complicité. Profite de chaque instant, des balades en plein air, des câlins chaleureux, des regards complices et de tout l'amour inconditionnel que ton Border Collie te donne.

Je te souhaite une vie merveilleuse remplie d'aventures incroyables et de souvenirs inoubliables avec ton fidèle compagnon Border Collie.

Avec toute mon amitié,

Benjamin White

Printed in France by Amazon
Brétigny-sur-Orge, FR

13264069R00074